家族の介護で今できること。

家族介護者をサポートするNPO法人UPTREE代表
阿久津 美栄子

同文書院

はじめに

介護初心者の皆さんへ

本書を手に取ったあなたは、現在、どのような状況にありますか?

❶家族が突然倒れて入院中で、今後は介護の必要がある。
❷家族に認知症の兆候があり、早晩、介護が始まりそうだ。
❸いずれ家族を介護することになりそうなので、今のうちから情報を集めておきたい。

中でも、❶の方は切迫しており、「何もわからないまま状況が進んでしまい、とても不安だ」「誰に何を相談すればよいかわからず戸惑っている」「この先どうなってしまうのか、見通しが立たない」などと、混乱していることと思います。

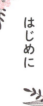

私は現在、家族介護者を支援する団体を運営していますが、私もはじめて親の介護に直面したときは、とても混乱しました。それまでは、介護なんて自分には関係のないずっと先の話だと思い込んでいたので、なおさら大きなショックでした。

突然始まった親の介護に手探りであたる中で、考え方は次第にネガティブに傾き、どう行動すればいいかわからない、前の見えない混乱状況に陥りました。介護の全容が把握できるような情報と知識が驚くほど少なく断片的だったために、迷いは深くなるばかりでした。

介護が始まると、日常に無償の労働時間が増えていきます。中には介護のために離職を考える方もいらっしゃると思います。離職することを考える前に、自身の状況を一度客観的に見てください。

家族が倒れて入院している期間は、これから始まろうとしている介護のための「大切な準備期間」です。

混乱した気持ちをおさめ、状況をよい方向に持っていくためには、何よりも正しい情報と知識を効率よく収集することです。これは、私が介護を経験して、最も痛感したことでもあります。情報と知識がないままに介護に突入することは、羅針盤のない船で荒海に乗り出すようなものなのです。

本書は、私自身の介護経験をもとに執筆した、介護初心者が迷わず、適切に、正しい情報と知識を得られるように、必要な情報だけを掲載した、介護についての「具体的な初動案内書」です。

ですが、介護の現実に直面して混乱しているときに、落ち着いて本を読む時間や心の余裕がなかなか持てないのも事実です。

ですから、混乱した状況にある介護初心者の方のために、本書は「読む」というより「見る」というスタンスで構成されています。

まずは、介護生活がスタートしたら行わなければいけないことを、6ページから紹介しています。これを読んで、全体の流れを把握したら、自分の疑問や不安に該当するページを開いてみましょう。本書はどのページから読んでも理解できるように構成されています。図や「ＰＯＩＮＴ」を見るだけでも、大まかな内容が把握できるようになっています。

介護で心がくじけそうになったり、介護をひとりで抱え込み、信頼できる人がみんな敵に見えてしまったりすることもあると思います。そんなときは、「Ａｄｖｉｃｅ」の項目を読んでみてください。介護につまずき、苦しみ、悩む方々への、私なりに経験から得た助言を記しています。

なぜ介護の準備をするのか――それは、「残された家族との時間を、できるだけ大切に幸福に過ごすため」です。ですから、まず情報と知識を仕入れ、自分の家族に当てはまることをひとつずつ試してみてください。「介護＝辛い」という図式が払拭され、少しでも「大切な時間」に近づくことを願ってやみません。

阿久津美栄子

入院からの流れを確認しましょう

家族の介護がスタートするきっかけは様々です。ここでは代表的な例として、家族が急に倒れて入院する場合、認知症になった場合を取り上げ、どのような流れになるのかを見ていきます。

家族が倒れた → 入院

家族が認知症かも? → 認知症と診断

やるべきこと

・病院の医療ソーシャルワーカーに相談 P.26

・地域包括支援センターに相談、介護保険申請 P.34 P.46

・保健師やケアマネジャーとケアプランを作成 P.38〜43

退院（要介護認定を受ける） 第２章

自宅で介護

自宅以外で介護

次のページへ

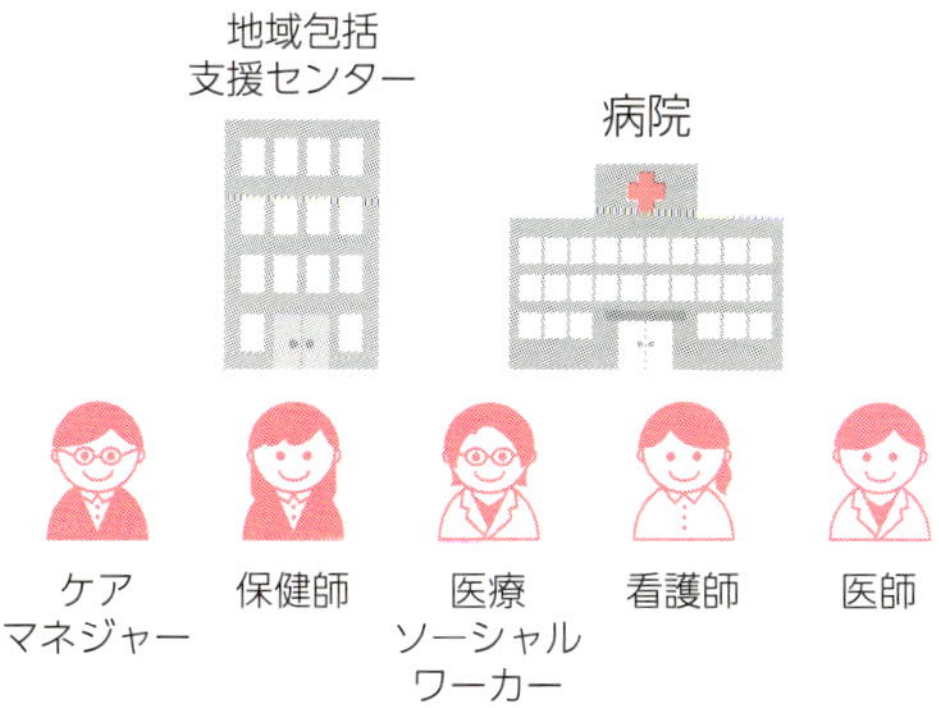

自宅で介護

自宅以外で介護

在宅

「自宅で介護したい！」

● リフォーム P.64〜69

・地域包括支援センターで住宅改修費の申請とリフォームの相談

・福祉用具のレンタルを受ける

● ケアプランの作成 P.38〜43

ケアマネジャー

要介護レベルが上がった

施設探し

転院

「すぐには施設に入れない」

・介護老人保健施設 P.98

・介護療養型医療施設 P.99

・介護医療院 P.99

訪問
・訪問サービス
・訪問看護
P.74〜79

通い
・デイサービス
・デイケア
P.80

宿泊
・ショートステイ
・医療型ショートステイ
P.82

施設

「事情があって在宅介護ができない」

・特別養護老人ホーム……P.88
・有料老人ホーム……P.92
・グループホーム……P.94
・ケアハウス……P.94
・サービス付き高齢者住宅……P.96

色々な心配事は……
第5章

お金にまつわる疑問は……
第6章

目次

第3章 在宅で介護する人が知っておきたいこと

第4章 ホームに入るときが来た

第5章 「介護疲れ」にならないために

第6章 介護にまつわる「お金」の話

第１章

家族が倒れた！
さてどうする？

01

介護が始まるのはどんなとき？

①外的要因

介護が始まるきっかけには、脳血管疾患などの「外的要因」と「認知症」の大きく2つのパターンに分けられます。

ある日、突然やって来る家族の介護。その始まりは様々ですが、大きく2つに分けられます。ひとつは、**脳血管疾患などの外的要因**がきっかけとなるパターン。もうひとつは、**徐々に認知症になっていく**パターンです。

脳血管疾患の中で最も多いのは脳卒中です。脳卒中は死亡率も高く、死に至らなかったとしても、半身麻痺や言語障害が残る場合がほとんど。昨日まで元気だった親が急に倒れ、心の準備をする間もなく介護が始まります。親にとっても自分にとっても、突然の出来事となるでしょう。外的要因は、病気だけとは限りません。事故や加齢などをきっかけに、骨折をしたり、足や腰を痛めたりして寝たきりになるケースもあります。

家族の介護を避けて通れない現代、介護が始まる日に備えて、情報と知識を集めておいてください。

●家族の介護が必要になる外的要因

1 脳血管疾患……脳卒中など

・突然やって来る
・死亡率も高いが、半身麻痺や言語障害が残る場合がほとんど

2 転倒・骨折、足や腰の関節の疾患など

・突然の事故などがきっかけになることもある
・寝たきりになることがある

！ どちらも、突然の出来事となることが多い

➡そのときになって慌てないように、情報・知識を集めておく

Advice

家族の介護は、ある日、突然やって来ます。まずは慌てずに、介護経験者を探しましょう。心強い味方になってくれるはずです。

POINT

- 介護のきっかけは、外的要因（脳血管疾患など）と認知症が多い
- 脳血管疾患は急に介護が始まる
- いつ介護が始まってもいいように、情報や知識を集めておくとよい

02

介護が始まるのはどんなとき？
②認知症

今日が何月何日かわからない……、それは認知症の前兆かもしれません。普段の様子を見ながら本人と相談して、早めに診断を受けましょう。

家族が時間や約束を忘れるようになったり、何度も同じ話をするようになったりすると、「認知症なのでは？」と心配になると思います。しかし、ただのウッカリなのか、本当に認知症なのか、素人には判断できません。

認知症は人によって病状の進行速度が違うため、ただのウッカリ程度の物忘れが数年続く場合もあります。しかし、ある日を境にして急激に物忘れが激しくなったり、情緒不安定になったりして、日常生活でトラブルが頻繁に起こる場合もあります。では、どのタイミングで認知症診断を受けたらいいのでしょうか？

認知症は、一般的に**TPP（タイム、プレイス、パーソン）の順に進行する傾向があります**。時間を忘れっぽくなった時点で認知症の可能性があるとされ、自宅への帰り道がわからなくなるといった**プレイスの段階になると、要介護認定レベル**。すぐに病院で診断してもらいましょう。

●認知症の進み方の目安

T Time

時間 がわからなくなる

・今日が何月何日かわからない
・今が朝・昼・夜かわからない
・食事をしたかなどがわからない

P Place

場所 がわからなくなる

・今どこにいるかわからない
・外出時、帰り道がわからない
・見慣れた道を間違える

P Person

人 がわからなくなる

・いつも顔を合わせる人が誰かわからない
・相手と自分の関係がわからない
・自分が誰かわからない

Advice

家族が、病院に行くのを嫌がる場合もあります。そんなときは「健康診断の一環」ということで検査を勧めてみましょう。

POINT

- 「時間」「場所」「人」の順に忘れていく
- 認知症の進み方には個人差があり、早い人もいれば遅い人もいる
- 予兆を感じたら、早めに診断を受けよう

03

どのくらいの期間、入院できますか？

入院している間は、看護師さんに任せているから安心……と思ったのもつかの間、入院する期間には限度があります。

かつては、病院で家族に囲まれて看取られることが一般的でしたが、高齢化が進むにつれて、全国的に病院のベッド数が足りなくなりました。そこで厚生労働省は、本当に入院治療が必要な人が利用できるようにと、**早期回復・早期退院を促す方向へとシフト**しました。そのため、**「基本的に1回の入院は90日が限度」**とされています。

また、病院側に支払われる診療報酬に含まれる入院基本料が、一般病棟に90日間を超えて入院する患者に対しては、大幅に減額されるように改定されました。

疾患によって平均在院日数は異なりますが、厚生労働省が発表した「平成29年 患者調査」では、75歳以上の高齢者の平均在院日数は43・6日です。また、日本人に多い心疾患の場合は65歳以上で平均22・2日、75歳以上だと平均28・8日です。

●平均在院日数は29.3日

傷病別平均在院日数

（単位：日）

傷病	全体	65歳以上	75歳以上
全体	29.3	37.6	43.6
高血圧性疾患	33.7	39.5	47.8
心疾患	19.3	22.2	28.8
肝疾患	22.9	27.7	31.9
脳血管疾患	78.2	86.7	98.9
血管性など認知症	349.2	349.8	340.0
アルツハイマー病	252.1	254.9	257.1

（厚生労働省「平成29年　患者調査」より）

※2017年9月1日～30日に退院した人が対象。
「全体」は年代・傷病にかかわらず調査対象者全体

Advice

入院中は不安や心労が募りがちですが、この期間は退院後の見通しを立てる準備期間。今できることから解決していきましょう。

POINT

- 入院期間は、1回の入院で90日が限度
- 疾患にもよるが、平均入院日数は約30日
- 政策で早期回復・早期退院を促している

04 介護に向けて、入院中にしておきたいこととは？

はじめての介護は、わからないことだらけ。迷わないように、入院中に介護の全体図を把握しておきましょう。

急に介護が始まると、何から手を付けていいのかわからずパニックになるケースが多々あります。特にはじめての介護だと、右も左もわからず途方に暮れてしまいがち。そうならないために、家族が入院している間に介護の全体図（6〜9ページ）を確認しておきましょう。

同時に、介護をスタートさせる準備も行います。多くの病院には、**医療ソーシャルワーカー**という人がいます。まずは、その人に退院後のことを相談してみましょう。回復が見込める場合は退院を待つだけですが、介護が必要になりそうなら、**地域包括支援センター**を紹介してもらったり、**要介護認定**（46ページ）を受けるための手続きをしたりする必要があります。

何をどうすればいいのかわからず、不安になりがちな時期ですが、左の図を参考に、いま自分がやるべきことをひとつずつ解決していきましょう。

●心の準備をしておく（在宅介護の場合）

倒れる
↓
入院
↓
介護が必要そうなら
- 病院の医療ソーシャルワーカーに相談
- 地域包括支援センターに相談、介護保険申請
- 要介護認定調査（50～53ページ）
- 要介護認定

ここまで約1カ月

- 要支援1～2の場合　地域包括支援センターの保健師と介護予防ケアプランを作成（36ページ）
- 要介護1以上の場合　居宅ケアマネジャーとケアプランの作成（38ページ）

↓
退院　必要によっては、介護老人保健施設（98ページ）などに転院
↓
自宅へ　介護開始

Advice

退院後に慌てないように、地域の介護施設や介護保険制度などを調べておきましょう。焦らずに退院後の介護がスタートできるはず。

POINT

- スムーズに介護をスタートさせるには、入院中の準備が大事
- 入院中にやるべきことを確認しよう
- 医療ソーシャルワーカーに相談するのも可

05 やっぱり、入院中はずっと付き添わないとダメですか？

入院している家族の気持ちを考えると、できるだけ付き添いたいもの。しかし、無理は禁物です。

家族が入院した場合、付き添いが重荷になることがあります。一時的な入院であればいいのですが、退院後に介護が始まるとなれば大変ですよね。しかし、結論からいうと**入院中は必ず付き添う必要はありません**。

入院患者のフォローの仕方は、病院によって異なりますが、「患者が治療に専念する場所を提供」することが基本です。実際には、食事や入浴などの日常生活のフォローはしてもらえるので、家族は毎日付き添わなくても大丈夫。病院によっては、入院時の服やタオルなどを洗濯してくれるところもあります。その場合、あなたの負担はもっと減るでしょう。

ただし、入院中は環境が変わったり、病気で気持ちが不安定になったりする場合もあります。**日常生活のフォローは不要でも、心のフォローが必要**となる場合もあるので、無理をしない頻度で付き添うといいでしょう。

●入院に付き添いは必ずしも必要ない

入院基本料

- 入院時に行われる基本的な医学管理料
- ＋
- 療養環境の提供費用（室料など）
- ＋
- 看護料

つまり、看護料が入院費に含まれているので、付き添いは基本的に不要

※ただし、容態が重篤な場合、認知症で暴れたりする可能性がある場合、容態が急変する可能性がある場合などは、付き添いが求められることもある(付き添いを断った場合、「身体拘束」の同意書にサインを求められることも)。

Advice

看護を病院に任せっきりにするのは気が引けるかもしれませんが、気にしすぎなくても大丈夫。無理のないペースで通いましょう。

POINT

- 家族の入院中は、毎日必ず付き添わなくてもよい
- ただし、入院中の精神的なサポートは必要なことも
- 仕事や生活の支障にならない頻度で、自身の生活の確保を

06

退院後のことが不安……誰に相談すればいいですか？

はじめての介護に退院後の不安はつきものです。介護についてわからないことは、病院内の医療ソーシャルワーカーに相談しましょう。

退院が近づくと、退院後はどんな介護がいいのか、在宅介護をするには何が必要なのか、介護サービスにはどんな種類があって、要介護者に合ったサービスは何なのかなど、様々な疑問が出てきます。

担当の医師や看護師にあれこれ聞きたくなりますが、現在、認知症の場合は確定診断できる病気ではなく、暫定診断です。的確な回答をもらえない場合も多いのが現状です。

そんなときは、**病院内の「医療ソーシャルワーカー」に相談**しましょう。病院によっては、「医療相談員」や単に「相談員」と呼ぶ場合もあります。

医療ソーシャルワーカーは、左ページのような様々な相談に乗ったり、**介護に必要な施設の紹介などを行ってくれます**。介護保険の申請についても相談できるので、気軽に声をかけてみましょう。

医療ソーシャルワーカーに相談できること

- 入院中の洗濯や身の回りの世話に関すること
- 退院後の療養生活に関すること
- 入院や外来の医療費に関すること
- 退院後の介護についての不安
- ほかの病院や施設についての情報
- 介護保険制度に関すること
- 障害者手帳や障害年金の申請方法などに関すること

など

Advice

入院中に頼りになるのは、医療ソーシャルワーカーです。病状以外でわからないことがあれば、気軽に相談しましょう。

POINT

- 認知症の場合は、医師や看護師から的確な回答がもらえない場合も
- 医療ソーシャルワーカーに相談する
- 介護保険の申請についても相談できる

07
入院費がどれくらいかかるか、わからなくて不安です

入院費には、治療費、入院基本料、食事代、差額ベッド代、その他雑費がかかります。入院日数や治療内容によって異なります。

入院中でも安心できないのが、入院費についてですね。入院費の基本的な内訳は、**治療費、入院基本料、食事代、差額ベッド代**です。これらに、交通費などの雑費が加わります。

費用が大きく違ってくるのは治療費で、病状によって手術代、検査代、薬代の費用がかさむ場合もあります。生命保険文化センターの調べでは、平成28年度の**平均的な自己負担費用は約22万円**となっています。もちろん、病気や入院期間によって金額は変わりますが、100万円を超える人が4%以上もいるのです。

ただし、もし入院費が高額になった場合でも、決められた**1カ月の限度額を超えた分が払い戻される「高額療養費制度」**が適用されるので活用しましょう（140ページ）。

ちなみに、一時的な介護費用の平均は約69万円で、介護期間の平均が約4年7カ月、月額では約7万8000円となります。

●直近の入院時の自己負担費用（平成 28 年度）

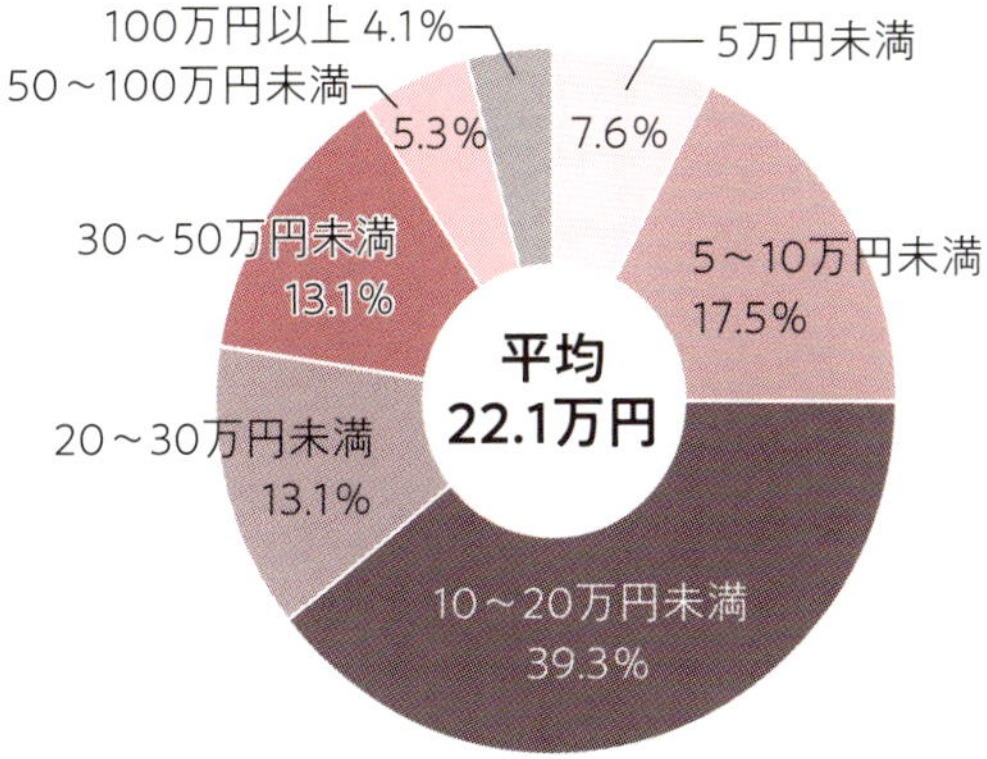

●介護費用の平均（平成 30 年度）

一時的な費用の合計＝平均約 69 万円
（リフォームや介護用ベッドの購入など）

月額＝平均約78,000 円（介護期間の平均約４年７カ月）

（公益財団法人生命保険文化センター調べ）

Advice

「高額療養費制度」などの制度を利用すれば、負担は軽くなります。まずは医療ソーシャルワーカーに相談してみましょう。

POINT

- 入院費はピンキリだが、平均では約22万円（平成28年度）
- 入院費が100万円を超える人も全体の4％以上いる
- 入院費が高額になるなら「高額療養費制度」を利用する

08

入院費を安くする方法はありますか？

入院費を大幅に安くするのは難しいことですが、いくつかポイントはあるので、それをしっかり押さえておきましょう。

かさんでしまう入院費を少しでも抑えるために知っておきたいのが、**「差額ベッド代」**です。差額ベッド代とは、1〜4人部屋（特別療養環境室）を使ったときにかかる費用。健康保険適用外で、全額請求されます。

ここで大事なのは、差額ベッド代が発生するのが**「同意書にサインをした場合」と「患者が希望した場合」**のみということ。病院側の都合で特別療養環境室を使うことになった場合は、差額ベッド代を支払う必要はありません。

もちろん、はじめから「大部屋希望」を伝えておけばよいのですが、大部屋が満床の場合に入院を断られる可能性も。特別療養環境室を使うことになった場合は、同意書に「大部屋希望」と一筆添えておくといいでしょう。

また、病院によっては有料になるパジャマを自分で用意したりして、費用を抑えることもできます。

●差額ベッド代を支払わなくてよい場合

- 大部屋が満室
- 同意書に差額ベッド代の明記がない
- 患者側の同意がない
- 救急や術後の患者で、安静が必要
- 常時監視や適時・適切な看護、介護が必要
- 免疫力が低下し、感染症にかかる可能性がある
- 終末期で、集中治療や苦痛緩和が必要
- 感染症にかかっていて、院内感染を防止するため

●1日あたりの平均差額ベッド代(2016年7月)

1人部屋	7,797円
2人部屋	3,087円
3人部屋	2,800円
4人部屋	2,407円

(厚生労働省 中央社会保険医療協議会「主な選定療養に係る報告状況」より)

Advice

病院によっては、衣類の洗濯が有料の場合もあります。そういった有料サービスを減らすのも、入院費用を安くするコツです。

POINT

- ☑ 差額ベッド代が発生するのは、同意書にサインした場合と患者が希望した場合のみ
- ☑ 同意書に「大部屋希望」と添えておくとよい
- ☑ 有料サービスを減らすことでも節約できる

column 1

「介護は自衛の時代」になりました

日本では「家族」を中心とした文化があり、「介護は家族でするもの」という考えが一般的です。それに対して、欧米などでは、個人の意見を尊重する自立した考え方が元にあります。また、社会福祉制度などの様々な制度は、国民のライフスタイルなどの変化に合わせて改定されるものですが、今の日本の制度は、そのスピードに追いついていません。

そのため、「家族」が根底にありながら、自立したライフスタイルを求める近代化の道を歩み、それにマッチしない制度のはざまで介護問題に振り回されているのが、今の日本の姿だと言えるでしょう。

今、初めての介護に直面して悩んでいるとしても、あなた一人だけが悩んでいるわけではありません。あなたが知らないだけで、まわりにいる多くの友人・知人が、同じような悩みに苦しめられているはずです。

この本を読んで、少しずつ介護を理解して、家族を自分たちの力で守れるようになってください。

第２章

介護が始まる前にやっておきたいこと

01

退院後はどこに相談したらいいですか？

退院後の相談は、「地域包括支援センター」で聞いてもらえます。介護の様々な相談に乗ってくれたり、サービスを紹介してくれたりします。

退院後、次から次へと出て来る疑問は、各自治体（市町村）が設置する**「地域包括支援センター」**に相談しましょう。

地域包括支援センター（自治体によって呼び名が違う場合があります）とは、介護相談やケアマネジメント、要介護者の権利や財産を守るための支援などを行っている総合相談窓口です。**社会福祉士、保健師・看護師、主任ケアマネジャー**などの専門家が在籍しており、要介護1以上（49ページ）で在宅介護を行う場合にはケアマネジャーの紹介もしてくれます。

地域包括支援センターは各市町村に設置されていますので、場所は役所・役場に問い合わせてください。ただし、地域包括支援センターを利用できるのは、**65歳以上の高齢者と、40歳〜64歳で特定疾病（がんや関節リウマチ、脳血管疾患、慢性閉塞性肺疾患など）にかかっている方**という規定があります。

●地域包括支援センター

利用できる人

- 対象地域に住んでいる 65 歳以上の高齢者
- 40 ～ 64 歳で特定疾病にかかっている方
- 上記にあてはまる方の家族

！ 支援・介護が必要な人と、相談したい人が離れて暮らしている場合は、支援・介護が必要な人が住んでいる場所の地域包括支援センターに問い合わせる。

※自治体によっては、「誰でも利用可能」としているところもある。

相談に対応してくれる人

社会福祉士	保健師・看護師	主任ケアマネジャー

Advice

不安なことやわからないことは、地域包括支援センターに相談しましょう。きっと力になってくれます。

POINT

- 退院後の相談は地域包括支援センターへ
- ケアマネジャーなどの専門職を紹介してくれる
- 利用規定も事前にチェック

Q2 地域包括支援センターでは、どんな相談に乗ってくれますか?

地域包括支援センターなら、介護サービスの紹介や要介護認定についての相談など、様々な相談に乗ってもらえます。

地域包括支援センターが相談に乗ってくれるのは、主に**「介護予防ケアマネジメント」「総合相談」「包括的・継続的ケアマネジメント」「権利擁護」**の4分野です。

具体的には、要介護者に必要な介護サービスの紹介・斡旋を含めたケアプランを作成してくれるケアマネジャーの紹介に始まり、心身の健康に関する相談、生活上の悩みの相談、高齢者の金銭にまつわる権利の相談といった内容について、相談に乗ってくれます。**要介護認定**(46ページ)**の代行申請も行ってくれる**ので、本人が役所まで申請に行けない、また家族も遠方に住んでいるという場合でも、職員が代わって手続きをしてくれます。

また、地域の医療・介護などの専門家とのネットワークを持っているので、**相談者の悩みに合った解決策を講じてくれる場所の紹介もしてくれます。**

●地域包括支援センターで相談できること

- 介護予防ケアプランの作成
- 生活面での心配事
- 介護保険など、福祉サービスの紹介・手続き
- 高齢者虐待について
- 成年後見制度など、高齢者の金銭にまつわる権利
- 介護をしている家族の支援

など

Advice

地域包括支援センターでは、介護予防の相談も受けてもらえます。「認知症かも」と思ったら、一度、相談してみてください。

POINT

- ☑ 介護の疑問は「地域包括支援センター」に
- ☑ 相談に乗ってくれるのは4つの分野
- ☑ 専門家との地域ネットワークを持っている

03

ひとりですべてやるのは、とても不安です

ひとりで介護を背負い込む必要はありません。介護のプロであるケアマネジャーがサポートしてくれます。

在宅介護が始まれば、**居宅ケアマネジャー**が介護のイロハを教えてくれたり、介護サービスを受けられる施設の紹介や斡旋をしてくれたりするなど、とても頼りになります。ただ、ひとりの居宅ケアマネジャーと長く付き合うイメージを持たれがちですが、実際には短い付き合いとなるケースがほとんどです。

居宅ケアマネジャーの主な仕事内容は、要介護1以上に認定された場合の在宅の**介護サービス計画（ケアプラン）の作成、介護サービスを受けられる施設の紹介と調整、介護保険の給付管理事務**です。そのため、在宅での介護が続く場合は、その間ずっと親身になって介護に伴走してくれますが、介護認定レベルが上がり、特別養護老人ホームなどの施設に入ると、居宅ケアマネジャーのサポートは終了となります。その先は施設内のケアマネジャーや相談員が、新しい介護の伴走者となります。

●居宅ケアマネジャーの主な仕事

- 要介護1以上に認定された場合の在宅のケアプランの作成
- 介護サービスを受けられる施設の紹介と調整
- 介護保険の給付管理事務

！ 介護認定レベルが上がり、在宅介護ではなくなると、居宅ケアマネジャーのサポートは終了。

Advice

居宅ケアマネジャーは、入居施設に入るまでの間、一緒に伴走してくれます。その間は、遠慮なく頼りましょう。

POINT

- ☑ ケアマネジャーは介護のイロハを教えてくれる
- ☑ 居宅ケアマネジャーが付くのは、在宅の要介護1から
- ☑ 入居施設に入ると、施設ケアマネジャーに変更になる

04

ケアマネジャー探しで失敗したくありません

ケアマネジャー探しでは、人間性や専門性を見極めることが大事。さらに、広いネットワークを持っているかどうかが大切なポイントです。

共に介護を行うのなら、よいケアマネジャーと一緒にやりたいですよね。

一般的に、よいケアマネジャーの条件には、**「人間性や相性」「医療と福祉の何かの分野に秀でている」**などが挙げられます。確かに、人と人との付き合いなので、よい関係性を築ける相手がよいのは当たり前ですし、医療・福祉に得意分野があるほうが頼りになることは間違いありませんが、**そのケアマネジャーがどんなネットワークを持っているのかも重要**です。

情報収集が得意で、様々な施設にコネクションを持っているケアマネジャーが付いている場合、こちらの希望する介護施設が見つかる可能性が高くなります。

もちろん、ケアマネジャーに対して不満を持つこともあります。そんなときは、居宅介護支援事業所に相談し、ケアマネジャーをかえてもらうことも可能です。

●ケアマネジャー選択の流れ

1. 地域包括支援センターや市区町村の窓口に行って、居宅介護支援事業所のリストをもらう。

↓

2. リストから自分で事業者に連絡し、ケアマネジャーを紹介してもらう。

↓

3. ケアマネジャーに自宅または病院に来てもらい、話をする。

↓

4. 条件・希望が合えば契約し、ケアプランを作成してもらう。

介護の負担が軽くなるのも重くなるのも、ケアマネ次第！

Advice

ケアマネジャーをかえたい場合は、「要介護者の希望」や「要介護者の病状（現状）」を理由にすると、伝えやすいこともあります。

POINT

- ☑ 専門分野を持っているかどうかをチェック
- ☑ 色々な施設のコネクションを持っているかチェック
- ☑ 家族の要望をきちんと聞いてくれるかどうかをチェック

05 ケアマネジャーに相談するときに気を付けることは？

こちらは介護の素人、ケアマネジャーは介護のプロです。そんなプロと話をするときのコツは、わからないことは素直に尋ねることです。

介護初心者は、医師やケアマネジャーなどの専門職や介護経験者に頼ってしまいがち。専門職の人に相談するときに、専門用語を使って話をされて、理解したフリをしたことはありませんか？　聞き返しにくい気持ちもわかりますが、**適当に話を合わせてしまうと、後々トラブルになることもあります**。介護のプロと対等に話す必要はないので、**わからないことは素直に「わかりません」と伝えても大丈夫**。何がわかっていて、何がわからないのかも併せて伝えると、相手も丁寧に教えてくれるでしょう。

もし、相手が丁寧に教えてくれない場合は、信頼関係が築けないので、可能であれば担当者をかえてもらってもいいでしょう。ただし、介護のプロに頼りっぱなしにするのも問題です。介護保険制度をある程度知っていないと、無駄に手間がかかることもあるので、自分で情報を収集することも大切です。

Advice

誰もがはじめは介護の初心者。私は知ったかぶりをして、失敗した経験があります。恥ずかしがらずに、何でも質問しましょう。

POINT

- 専門用語やわからない事柄は「わかりません」と聞く
- 最悪の場合は、担当者の変更も可能
- 介護保険制度をある程度知らないと、振り回されることもある

06 ケアマネジャー以外では、どんな人に相談すればいいですか？

ケアマネジャーや医師には言いにくい介護に関する疑問や不安は、介護経験者などに相談してみるといいでしょう。

「介護の相談は、医師やケアマネジャーに」というのは当たり前ですが、相談しにくいことや言えないこともありますよね。そんなときは、**まわりにいる介護経験者に相談してみる**のもひとつの方法です。同じような境遇に立ち、不安やつらい経験もしているので、介護者の気持ちを汲んだ答えがもらえるかもしれません。

もし、まわりにそういった人がいない場合は、**地域のコミュニティに参加する**のもいいでしょう。個人やNPO法人などが、**「ケアラーズカフェ」「介護カフェ」**などの名称でコミュニティを開設しています。

また、SNSなどで同志を探してみるのもひとつの方法です。お互いのことをあまりよく知らないからこそ、相談できるというメリットもあります。しかし、匿名性が高いからこその注意も必要です。後々、トラブルにならないように気を付けましょう。

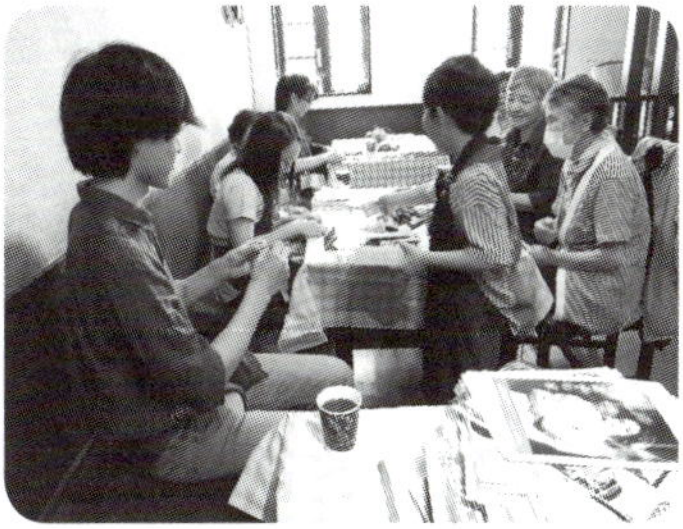

著者が代表を務めるNPO法人UPTREEが運営する「caregiversカフェ」の様子

Advice

NPO法人などが運営する、全国の介護コミュニティを紹介するサイトもあります。それらを使って仲間を探してみてください。

POINT

- 介護のプロに相談しにくいことは、経験者に相談を
- コミュニティやSNSで同志を探してもOK
- ただし、個人情報漏洩などに注意

07 介護保険はどうすればもらえますか？

入院中に要介護認定の申請をして認定を受ければ、介護保険の申請も完了したことになります。別々に申請する必要はありません。

「介護保険」を受けるには、「要介護認定」と別に申請しなければいけないと思っている人もいるかもしれません。しかし、**要介護認定を申請して認定を受けることが決まったと同時に、介護保険の申請も完了**したことになるので、介護保険の申請は必要ありません。

申請は、要介護者が住む市区町村の窓口で、本人や家族が行うのが原則ですが、家族が遠方に住んでいるなどで難しい場合は、地域包括支援センターが代行してくれます。

反対に、要介護認定を申請しても、認定されなければ介護保険は使えません。その場合は、「総合事業」が利用できます。

総合事業とは自治体が運営するサービスで、**「介護予防・生活支援サービス事業」「一般介護予防事業（65歳以上）」など**があります。窓口は地域包括支援センターになるので、どんな支援があるのか聞いてみましょう。

●要介護認定に必要なもの

介護保険　要介護認定・要支援認定申請書
市区町村の窓口でもらうか、ホームページからダウンロードする

被保険者証
65歳以上の場合……介護保険被保険者証
40歳～64歳の場合……医療保険被保険者証

主治医が誰かわかるもの（診察券など）

！市区町村の窓口へ申請

Advice
要介護認定を受けられず、介護保険が適用できなくても、予防のための様々な支援をしている「総合事業」は利用できます。

POINT

- ☑ 介護保険は、要介護認定と別に申請する必要はない
- ☑ 要介護認定されると、介護保険が適用される
- ☑ 要介護認定されなかった場合は、介護予防サービスなどを利用できる

08 そもそも、要介護認定って何ですか？

要介護認定を受けると、様々な介護サービスが受けられるようになり、介護サービス料が一部負担ですみます。

介護がスタートすると避けては通れないのが、**「要介護認定」**です。要介護認定が何かを説明するために、まずは今の日本の介護保険制度を大まかに知っておきましょう。

寝たきりなどで介護が必要になった高齢者は、介護サービスが受けられるようになっています。このとき、本当に介護が必要な状態かどうか、どの程度の介護が必要なのかを判定するために行われるのが「要介護認定」です。

この認定は、各自治体に設置されている**「介護認定審査会」**で行われます。

要介護認定後は、介護サービスが受けられるようになるのと同時に、**介護サービス料の負担が一定額ですむようになります**（73ページ）。

認定レベルや世帯収入によって、支給額の上限が異なります。上限を超えた分については自己負担となるので、計画的に使うようにしましょう。

●要支援・介護レベル（目安）

認定レベル	目安
要支援1	ほぼ自立した生活を送ることはできるが、介護予防の支援・改善が必要
要支援2	日常生活を送るには支援が必要だが、介護予防できる可能性が高い
要介護1	歩行などが不安定な状態で、日常生活を送るには部分的介護が必要
要介護2	歩行などが不安定な状態で、排せつや入浴などの一部や全部に介護が必要
要介護3	歩行、排せつ、入浴、衣服の着脱など、日常生活のほぼ全面的に介護が必要
要介護4	日常生活全般に介護が必要で、介護なしで日常生活を送ることが困難
要介護5	生活全般に介護が必要で、介護なしでは日常生活を送ることがほぼ不可能

Advice

要介護認定を受けなければ、様々な介護支援は受けられません。介護が必要な場合は必ず受けましょう。

POINT

- 要介護認定は各自治体の介護認定審査会が行う
- 認定されると介護保険制度が適用される
- 介護保険の上限は、認定レベルと収入によって異なる

09
要介護認定の流れはどうなっていますか？

要介護認定の申請から決定までは約1カ月かかるといわれています。どんな流れで認定されるのかを理解しましょう。

要介護認定は各自治体が窓口で、**地域包括支援センターが代行**してくれます。申請書類と要介護者の保険証を提出し、申請します。自治体によっては、郵送でも受け付けているので、問い合わせるとよいでしょう。

申請をすると、自治体側で認定員との面談日の調整と主治医意見書を手配してくれます。それらがそろったら認定員と面談をして、**コンピュータ判定（一次判定）と介護認定審査会（二次判定）を経て、認定レベルが正式に決定**されます。

ところで、あまり聞きなれない**「主治医意見書」**という言葉が出てきましたが、これは患者の病状に対する主治医の見解が書かれているもので、判定において重要な材料となります。認定レベルが低くならないようにするには、あらかじめ主治医にひと言お願いをしておくとよいでしょう。

●要介護認定の流れ

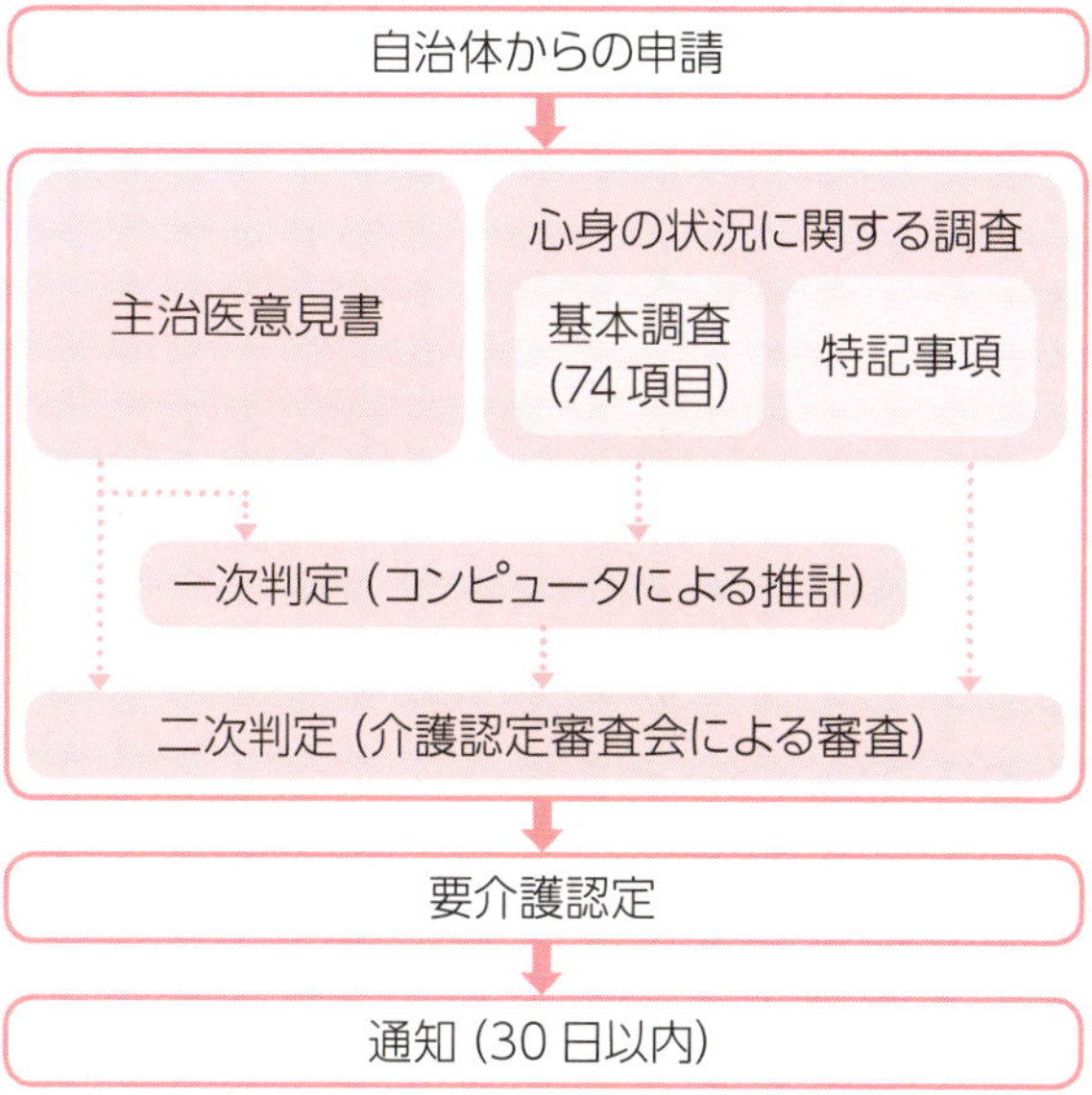

（厚生労働省資料より）

Advice

「主治医意見書」が作成される前に、要介護者の普段の様子を、主治医にきちんと伝えておくようにしましょう。

POINT

- 要介護認定の申請は、地域包括支援センターが代行してくれる
- 認定員との面談日の設定、主治医意見書の手配をしてくれる
- 主治医にひと言お願いしておくとよい

10 要介護認定の面談後は、何もしなくていいのでしょうか？

面談後は、コンピュータ判定、介護認定審査会が行われ、認定結果が出ます。介護者側は、特に何もする必要はありません。

認定員との面談が終わったら、介護者の側ですることは特にありません。要介護者との面談結果と主治医意見書を判断材料として、コンピュータを使って、**「要介護認定等基準時間の算出」「状態の維持・改善可能性の評価」が推計されます（一次判定）**。

要介護認定等基準時間とは、基本的な日常生活を行う上での必要な介護の工程を時間にしたものです。要支援1なら「25分以上32分未満」といったように表されます。

その後、**「介護認定審査会による審査（二次判定）」**が行われます。面談や一次判定の結果と主治医意見書をもとに、保健・医療・福祉の専門家が審査し、認定結果の通知が送られてきます。

申請から認定通知が届くまでは、原則として30日以内となっています。遅れる場合は自治体から延期通知書が送られてきます。

一次判定・二次判定の内容

一次判定

訪問調査での認定調査票の基本調査結果 ＋ 主治医意見書

↓ コンピュータに入力

一次判定：要介護認定等基準時間（食事・排せつ・移動など）を割り出す。時間に応じて、「自立」「要支援」「要介護」を認定

二次判定

一次判定 ＋ 調査票の特記事項 ＋ 主治医意見書

↓ 介護認定審査会

二次判定：介護認定審査会（保健・医療・福祉の専門家で構成）が要介護レベルを認定

Advice

介護サービスは、要介護認定前でも利用できます。ただし、要介護認定後の償還払いですので、一旦は全額実費負担となります。

POINT

- 認定は、面談と医師の主治医意見書をもとに行われる
- 上記2つをコンピュータで評価するのが一次審査
- 専門家による審査会の二次審査後に認定レベルが決まる

11

「主たる介護者」って誰のことですか？

「主たる介護者」は、家族の中で一番信頼が置けて、決定権のある人。気づかないうちにあなたがなっていることも……。

「主たる介護者」とは、**介護における窓口・責任者として動く人**のことです。このポジションを任された人は、司令塔にならざるを得ない状況になるため、状況を俯瞰して眺められるような客観的な視点が必要となります。

主たる介護者はこちらから申請するわけではなく、**施設や専門職側が、仕事を持っていない、近くに住んでいる人の中から選ぶ傾向にあります**。主たる介護者が誰かは知らされないので、知らないうちに自分がなっている可能性があります。

具体的には、地域包括支援センターや施設との連絡係、家族間の連絡係、要介護者に関わる物事の決定を下すという役割でもあります。場合によっては、要介護者の延命治療の決定権を任されることもあります。「気づいたら、親の介護の手配や連絡を色々やっていた」という人は、「主たる介護者」かも知れません。

●主に介護をする人は配偶者・女性が最も多い

要介護者等との続柄別主な介護者※の構成割合

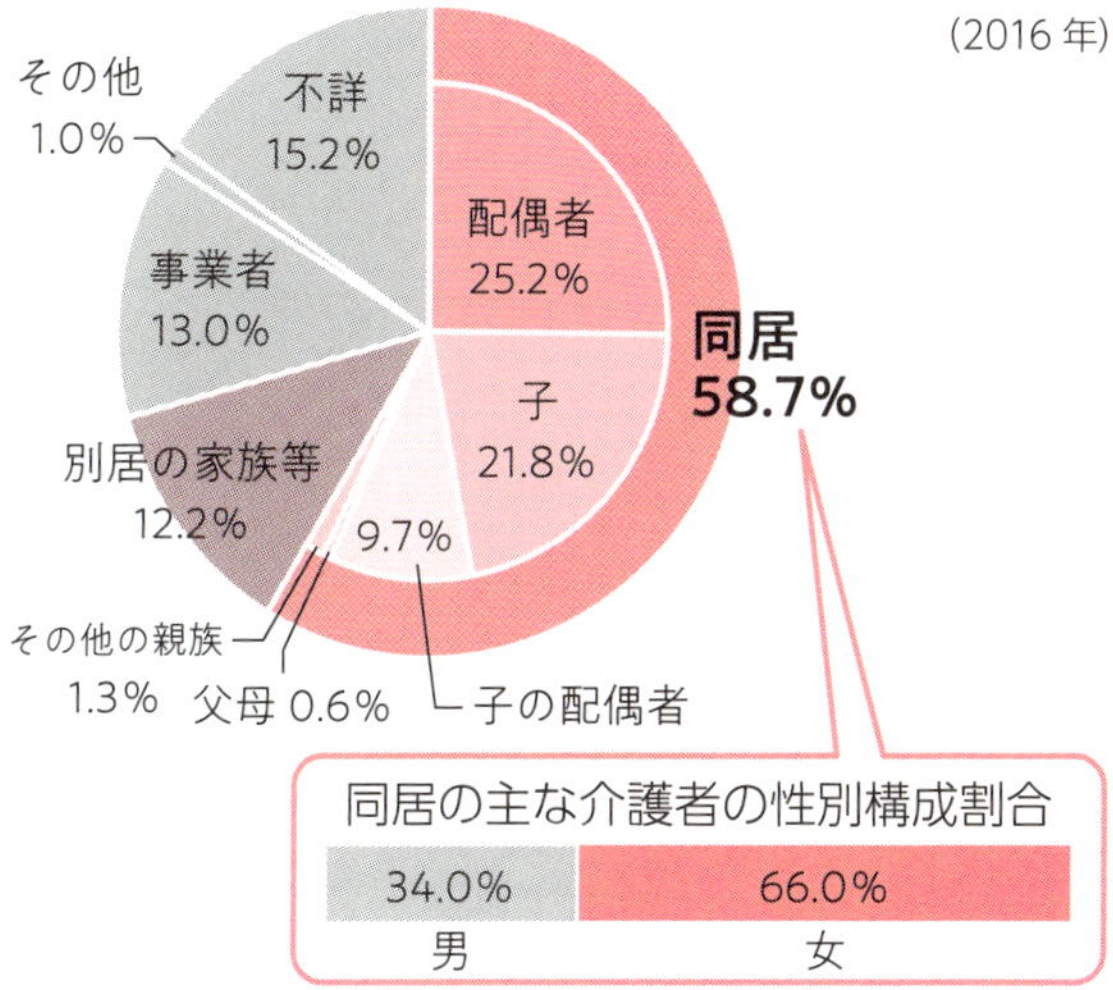

(厚生労働省『平成 28 年　国民生活基礎調査』より)
※「主たる介護者」の調査とは異なる

Advice

主たる介護者だからといって、すべてをひとりで背負い込まないで！　122～125ページを参照して、うまく乗り切りましょう。

POINT

- 主たる介護者は、比較的時間に余裕のある人がなる傾向にある
- 施設や専門職側が決め、意思決定などの連絡窓口になる
- 施設などから頻繁に連絡がある人は、主たる介護者かも

12 認定員との面談で注意することは？

認定員との面談では、しっかり押さえておかないと損をしてしまうポイントがあるので、注意しましょう。

要介護認定を受けるときは、できるだけ金銭的な負担を軽くしたいので、低い認定レベルになるのは避けたいもの。そこで、認定員との面談の際に大切なのが、**「できることよりもできないことをきちんと伝えること」**です。

高齢者の中には、他人にいい顔をする傾向があり、調査項目の中にできないことがあっても、「これくらいならできる」と見栄を張ってしまいがち。そうすると、要介護認定のレベルが低くなる可能性が高くなります。恥ずかしがらずに正直に、できることとできないことを伝えるようにしましょう。

介護者は、面談を迎える前に、**要介護者の普段の様子やできること・できないことをメモしておきましょう**。日付とどんなことがあったのかを伝えやすくしておきます。また、動画に撮ることも有益ですが、要介護者を傷つけないような配慮が必要です。

●認定調査で主に聞かれること

- 横たわったまま、左（または右）に体の向きを変えられますか？
- 両足で10秒以上立てますか？
- いすやベッドに座ったまま、自分で立ち上がれますか？
- 床ずれはありますか？
- 排尿や排便のとき、見守りや介助は行われますか？
- 上衣の着脱やズボン・パンツの着脱のとき、見守りや介助は行われますか？
- 食事のとき、見守りや介助は行われますか？
- 生年月日か年齢のいずれかを答えてください
- 外出して戻れなくなったことはありませんか？

など

Advice

認定員との面談では、包み隠さずに要介護者の病状を伝えることが一番です。直にすべてを伝えましょう。

POINT

- 面談では見栄を張らず、できないことを伝える
- 要介護者の様子をメモや日記にするとよい
- 面談には必ず家族が付き添うこと

13 認定結果に不満があるのですが……

「要介護レベルがこんなに低いはずがない！」
そんなときは、不服申し立てをして、再審査を受けることもできます。

要介護レベルが低いと実費分が増え、家計の負担も大変です。定期的（通常、3〜36カ月ごと）に更新があるとはいえ、認定結果に納得がいかないこともあるでしょう。そんなときは、各都道府県に設置されている**「介護保険審査会」**に**不服申し立てができます**。

不服申し立ては、原則として要介護者本人が行うことになっていますが、代理人を立てることも可能です。申請期間は各都道府県によって異なるので、必ず申請ルールを確認してから行いましょう。

ただし、不服を申し立てても、再審査に数カ月かかる場合もあり、認定レベルが上がることもあまり期待できません。そこで、認定後に病状が悪化した場合に、**更新を待たずに認定調査を受ける「区分変更」という方法**もあります。こちらのほうが、審査結果が早く出るので、活用するのもいいでしょう。

●認定後の要介護レベルは変えられる？

更 新

要介護認定には有効期間があり、その後更新申請をして、改めて認定調査が行われる。
有効期間は、新規の認定の場合で3～12カ月、更新後は3～36カ月（介護保険証を確認）。

区分変更

認定後に病状が悪化した場合、更新を待たずに認定調査を受けられる。申請して約1カ月で結果が出る。

不服申し立て

認定通知を受けた翌日から60日以内（各都道府県によって異なる）に、「介護保険審査会」に不服申し立ての申請を行う。再審査の結果が出るまで数カ月かかることも。

Advice

要介護認定後に病状が悪化することはよくあります。「区分変更」は早く審査結果が出るので、病状に変化があれば、申請しましょう。

POINT

- 「介護保険審査会」に不服申し立てができる
- 申請ルールは各都道府県によって異なる
- 症状が悪化した場合は「区分変更」を

column 2

要介護認定を受けるかどうか迷っています

親の介護が必要な状況にはなっているが、要介護認定を受けなければならないほど重症ではない場合や、要介護認定を受けるかどうか自分たちでは判断がつかない場合は、「基本チェックリスト」を使いましょう。基本チェックリストとは、家族側で心身の衰えやリスクが簡単にわかるもので、厚生労働省が作成したものです。25項目の質問から、要介護・認知機能の低下・うつ傾向の可能性などがわかります。

また、認知症かどうかを簡易的に判断する「認知症チェックリスト」もあります。こちらは、各自治体が出している認知症のガイドブック（ケアパス）などに掲載されています。地域包括支援センターにも置いてありますし、自治体のホームページからダウンロードできますので、家族の言動に不安を覚えた際でも、気軽に使えます。また、基本チェックリストは要介護認定を申請するかどうかの判断基準や申請時の資料にもなります。不安な場合は気軽に活用しましょう。

第３章

在宅で介護をする人が知っておきたいこと

01 在宅で介護をしたいけれど、どこまでならできますか？

要介護2までなら、在宅でも介護が可能です。ただし、決して楽なものではありません。無理をしないことが肝要です。

要介護者が安心して暮らせるように、また介護費用を抑えるために、在宅介護を希望する家庭は少なくありません。しかし、改善の期待はできず、徐々に負担が大きくなる日々に、絶望する家庭が多いのも事実です。

もし、**在宅介護を考えている場合は、要介護2がひとつの目安**になります。日常生活に不安があったとしても、要介護2までであれば、家族がチームとなってサポートし合いながら在宅介護をする期間といえます。一方で、要介護3以上は、施設での介護の要件となります。

ただし、認知症介護の場合は、進行具合によって状況が異なります。**認知症の場合、100人いれば100通りのケースがある**といえるでしょう。加齢や半身不随などで介護がスタートする場合とは大きく事情が異なり、在宅で介護を行うのであれば、より強固な家族間の連携が必要となります。

Advice

在宅介護の場合、介護に翻弄されないようにするのがポイント。思い切って、「介護は仕事！」と割り切って臨むのもいいでしょう。

POINT

- 要介護2までなら在宅での介護が可能な期間
- 要介護3以上は施設への入居を検討するタイミング
- 認知症の場合は、進行具合によって状況が異なる

02

在宅で介護するとき、リフォームはどこまで必要ですか?

在宅介護をするためには、家のリフォームが必要なことも。どこをリフォームしたらいいのかを考えてみましょう。

要介護の家族を自宅に迎えるとき、真っ先に頭に浮かぶのが、自宅のリフォームではないでしょうか。在宅介護を行う理想的な環境は、要介護者が階段で上り下りをする必要がなく、自室からトイレやお風呂が近く、すぐに家族団らんの場に顔が出せる場所だとされています。

一般的な介護リフォームの内容としては、**階段に手すりを付ける、室内の段差を極力なくすようバリアフリー化する、扉を開けやすいように引き戸にする、トイレを和式から洋式にする**といったことが挙げられます。ほかにも、布団から介護ベッドに変えたり、車いすを用意したりする必要があるかもしれません。

このように、部分的なリフォームが必要になりますが、すべてをクリアする必要はありません。自宅の環境と要介護者の身体機能と照らし合わせて、**必要な部分だけリフォームすることでも十分**です。

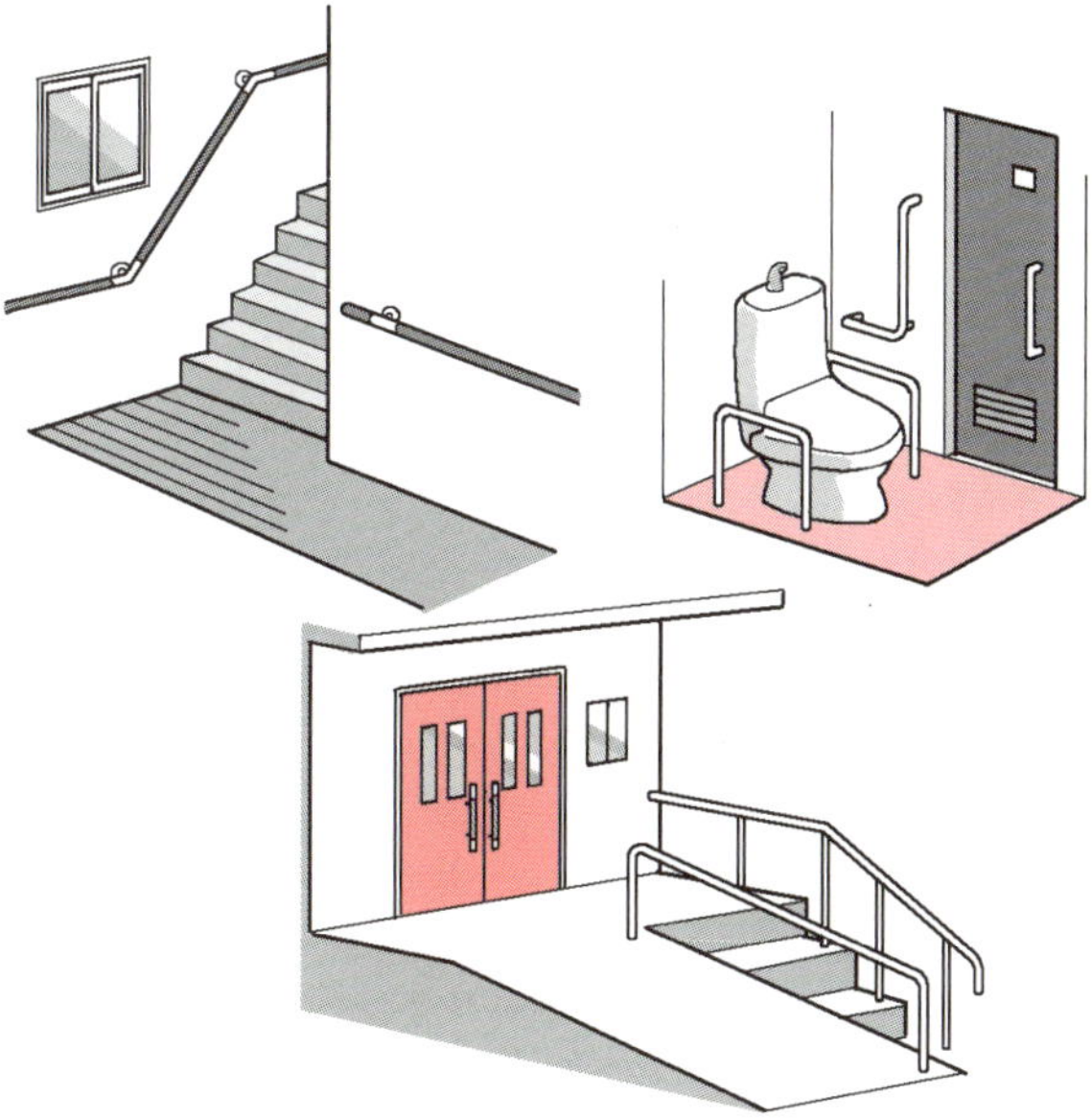

Advice

リフォームをするときは、要介護者の普段の生活導線を観察して、困難なポイントを確認しておくことが大事です。

POINT

- 要介護認定を受けたら、リフォームを検討しよう
- トイレやお風呂、家族団らんの場に近く、階段を使わなくてもよい環境が理想
- すべての場所をリフォームする必要はない

03

家をリフォームする場合、どこまで補助が出ますか？

介護リフォームをする場合、介護保険の「住宅改修費」が支給されます。リフォームを始める前に、支給額の上限や注意事項を確認しましょう。

自宅を介護リフォームすると決めたけど、お金がかかる……。そんなときは、地域包括支援センターに相談しましょう。

介護のために**自宅をリフォームする人には、「住宅改修費」が支給**されます。要介護認定を受けていれば誰でも申請でき、要介護レベルに関係なく払い戻しを受けることができます（上限は20万円）。一度の改修で全額使わずに、数回に分けて使えますし、要介護者の入院中に改修することもできます（その場合は、別の手続きが必要）。また、要介護者が両親で、２人とも要介護認定を受けている場合は、２人分の住宅改修費を合算することもできます。

ただし、住宅改修費は**事前申請が必須で、合算する場合は重複して利用することはできません**。わからないことや不安なことは、地域包括支援センターやケアマネジャーに相談しながら、計画的に使いましょう。

●住宅改修費給付の概要

給付対象	介護保険被保険者証に記載の住所にある住宅
住宅改修の範囲	・手すり、スロープの設置、段差の解消 ・洋式トイレへの取り替え、スペースの拡張 ・出入り口ドアの拡幅、引き戸等への取り替え ・浴槽の入れ替え、腰掛の設置 ・畳敷きから板張り、ビニール系床材への変更　など （給排水設備など、上記改修に付帯する工事も含む）
条件	・要介護認定が必要（要介護レベルにかかわらず給付される。要支援者には別の制度がある） ・自治体の窓口への事前申請が必要
給付額	小規模な住宅改修なら９割給付で、上限は20万円（自治体によっては、超えた分の独自の給付制度あり）
給付方法	償還払い （一旦全額立て替え、のちに給付を受ける）

Advice

地域包括支援センターでは、リフォーム会社も紹介してくれます。複数の会社から見積もりを取って選びましょう。

POINT

- 要介護認定を受けている在宅介護者は「住宅改修費」が申請できる
- 上限は20万円。分割使用、合算などもできる
- 事前申請がマスト

04 介護ベッドは買わなくてもいいのでしょうか？

在宅介護で必要な介護ベッドや車いすは、買わなくても大丈夫。高額な福祉用具はレンタルできます。

介護リフォームだけでも負担が大きいのに、介護ベッドや車いすを用意する余裕なんて……と嘆いている人もいるでしょう。介護保険では、**介護ベッドなどの福祉用具を安く借りることができます**。負担額は、実際にかかる費用の1～3割程度です。

レンタルできる用具や金額は、事業所によって異なります。また、要介護レベルによって借りられるものと借りられないものとがあり、用具ごとにレンタル金額の上限が設定されています。レンタルを検討する場合は、厚生労働省が公表している情報を参考にしてください。

ポータブルトイレや入浴用品などの**直接人に触れる福祉用具は全額負担が原則**ですが、購入後に自治体へ申請すれば7～9割が払い戻される制度もあります。ただし指定業者から購入した場合に限りますので、地域包括支援センターやケアマネジャーに事前に相談しましょう。

●負担額は実費の１～３割程度

レンタルできる福祉用具
車いす（付属品含む）
特殊寝台（付属品含む）
床ずれ防止用具
体位変換器
手すり
スロープ
歩行器
歩行補助つえ
認知症老人徘徊感知機器
移動用リフト＊
自動排せつ処理装置

＊つり具の部分を除く

購入補助が出る福祉用具
腰掛便座
自動排せつ処理装置の交換可能部
入浴補助用具 ・入浴用いす ・浴槽用手すり ・浴槽内いす ・入浴台 ・浴室内すのこ ・浴槽内すのこ ・入浴用介助ベルト
簡易浴槽
移動用リフトのつり具の部分

Advice

福祉用具のレンタルを利用する際は、要介護レベルと事業所よってレンタル料が異なるので、事前に調べておきましょう。

POINT

- 高額な福祉用具はレンタル可能
- 直接触れる福祉用具は、申請をすれば払い戻しが受けられる場合も
- 地域包括支援センターかケアマネジャーに相談

05

介護サービスには、どんな種類がありますか？

介護サービスには、「訪問」「通い」「宿泊」「入居」の4つの種類があります。簡単に特徴をご説明しましょう。

介護認定を受けた後で受けられる介護サービスには、主に**「訪問」「通い」「宿泊」「入居」**があります。「訪問」とは、日中自宅に来て、身の回りの援助や介護・診療をしてもらえるサービスです。よく耳にするデイサービスやデイケアでは、施設に「通い」ながら介護サービスを受けます。「宿泊」は、ショートステイとも呼ばれ、短期的な入居が可能な施設が利用できます。そして、「入居」は特別養護老人ホームなど、常時介護が必要なケースに利用します。

認定レベルによって使用できるサービスや回数に制限があるので、要介護者本人と家族とで話し合ってから利用しましょう。特に「宿泊」や「入居」は、要介護者本人が嫌がってトラブルとなることもあります。また、**介護サービスは需要と供給のバランスがとれていないことが多く、利用したくてもできない場合がある**ので、注意しましょう。

●介護保険で受けられる主な介護サービス

訪問 自宅に訪問してもらって受ける

ホームヘルプ、訪問入浴介護、訪問看護、訪問リハビリテーションなど （74～79ページ）

通い 日帰りで施設などに出かけて受ける

デイサービス、デイケア （80ページ）

宿泊 短期間、施設などで生活しながら受ける

ショートステイ（福祉施設、医療施設）（82ページ）

入居 施設に入居して受ける （第4章）

特別養護老人ホーム、介護老人保健施設など

Advice

どのサービスも地域包括支援センターが窓口です。充実した在宅介護生活のためにも、施設やサービス内容を調べておきましょう。

POINT

- 「訪問」「通い」は在宅介護中に利用できる
- 在宅介護中、どうしても家を空けないといけないときは「宿泊」
- 認定レベルによって、使用できるサービスが異なる

06

介護サービスには、受けられる限度額はありますか？

介護保険は認定レベルによって支払われる金額の上限が決まっています。サービスを受けるときは、上限に合わせて逆算しましょう。

家族が快適に過ごせるよう、毎日介護サービスを受けられればいいのですが、そういうわけにはいきません。介護保険は、**認定レベルによって支払われるサービス利用料の上限が決まっています**。左ページに、認定レベル別の支給限度額を示していますので、ご参照ください。

利用者側の負担額は、基本的には1割ですが、一定以上所得者は2～3割負担となります。一定以上所得者とは、第1号被保険者*の年間合計所得が160万円以上（同一世帯の第1号被保険者の年金収入＋その他の合計所得金額が単身で280万円未満、2人以上で346万円未満の場合は除く）の家庭を指します。

そのうち、特に所得の高い層（年間合計所得が220万円以上で、年金収入等が340万円以上、2人以上世帯で463万円以上）の負担割合が3割となっています。ただし、月額4万4400円の負担上限もあります。

*65歳以上の被保険者。40～64歳は第2号被保険者となる。

1カ月の支給限度額（2019年5月現在）

認定レベル	支給限度額	自己負担額*
要支援1	50,030円	5,003円
要支援2	104,730円	10,473円
要介護1	166,920円	16,692円
要介護2	196,160円	19,616円
要介護3	269,310円	26,931円
要介護4	308,060円	30,806円
要介護5	360,650円	36,065円

*自己負担額は1割（所得によって2割または3割）

Advice

介護保険の上限を超えた金額は自己負担になりますが、超えた分の一部を助成してくれる自治体もあります。

POINT

- 介護サービスの利用回数は、介護保険の支給額から逆算する
- 負担割合は基本的に1割（人によって2～3割）
- 負担割合がわからなければ、ねんきん定期便や自治体の年金課で確認

07 ホームヘルパーさんは、どんなことをしてくれるのですか？

訪問介護のサービスをお願いすると、ホームヘルパーが自宅に来てくれて、要介護者の身体介護、生活援助を行ってくれます。

在宅介護をするときに欠かせないのが、「訪問」サービスです。**ホームヘルパー（訪問介護員）**に自宅へ来てもらい、食事・排せつ・入浴などの介助を行ってもらいます。

中には、通院時の介助を行ってくれる事業所もあるので、サービスが受けられる範囲をあらかじめ事業所のホームページなどで確認しておきましょう。

ホームヘルパーがスムーズに要介護者の生活をサポートするためには、要介護者が普段どのように生活しているのかを正確に把握する必要があります。

ホームヘルパーさんには、「ほかの家はどうしていますか？」と聞くより、**「うちはこうしてほしい」とやってほしいことを正しく伝える**ようにしましょう。食事の味付けの濃い・薄いや、いつも買っているもののメーカー・商品名などもきちんと伝えましょう。

ホームヘルパーにお願いできること

身体介護

トイレ誘導	着替え	爪切り
排せつ介助	洗顔	耳掃除
おむつ交換	洗髪・整髪	体温・血圧測定
体位交換	入浴介助	服薬の支援
移動介助	清拭《せいしき》	
食事介助	歯みがき	など

生活援助

居室の掃除	食事の準備・調理・後片付け
洗濯	薬剤師からの薬の受け取り
	日用品の買い物代行　など

Advice

ホームヘルパーは、基本的に介護保険制度での関わりとなる、要介護者の支援です。一部家族の支援も自費で行える場合もあります。

POINT

- ホームヘルパーには要介護者の身体介護、生活援助が頼める
- 事業所によって頼める範囲が違うので、事前に確認
- 依頼をするときは、細かく丁寧に伝える

08 ホームヘルパーさんに頼めないことはどんなことですか？

ホームヘルパーは家政婦ではありません。要介護者以外の家族のこと、お金のことなど、頼めないこともあります。

ホームヘルパーの業務は**「要介護者の生活支援」**です。頼めることと頼めないことがあり、要介護者以外の家族にまつわる支援やお金にまつわることなどは頼めません。

具体例を挙げると、ペットの世話、回覧板を回す、家の掃除、来客の対応、要介護者以外の家族の食事作り、公共料金の支払いなども範囲外に当たります。また、胃ろうチューブやカテーテルの交換はもちろん、床ずれの処置、散髪、服薬の補助など、医師や看護師、相当の資格を持っている人が本来するべき行為もできません（たんの吸引など、必要な研修を受けているホームヘルパーは可能なものもあります）。

判断に困ったときは、その依頼が「要介護者の生活支援内」のことなのかをまず考えましょう。それでも判断がつかないときは、**直接ホームヘルパーに相談して、どこまでお願いできるのか聞いてみましょう。**

●ホームヘルパーにお願いできないこと

身体介護

胃ろうチューブ・カテーテル等交換
床ずれの処置
散髪
巻き爪等の爪切り
口を開けさせるような服薬、薬の仕分け
医師へ説明することまたは説明を受けること　など

生活援助

本人の居室以外の掃除（家族の部屋等）
日常生活に支障のないものの買い物代行
ペットの世話　　庭の手入れ
家族の食事の世話　　施設等への送迎
外出・旅行の付き添い　　来客応対　など

Advice

ホームヘルパーは家政婦ではないので、お願いできる範囲に限りがあります。甘えすぎず、心地よい距離感を保つよう心がけましょう。

POINT

- 要介護者以外の家族に関するサポートは頼めない
- 回覧板を回す、宅配便を受け取る、などもＮＧ
- 線引きが難しい場合は、どこまでお願いできるのかを相談する

09 在宅で医療行為を受けたいときはどうすればいいですか？

在宅で介護をすることになったけど、通院が難しいし、家族だけで医療的なケアができるのか不安。そんなときは、「訪問看護」サービスを利用しましょう。

在宅介護中、要介護者の体調がすぐれなかったりして通院が難しい場合があります。そんなときは、**「訪問看護」や「訪問リハビリテーション」**を利用しましょう。これらは「訪問サービス」のひとつで、看護師などが自宅に来て、必要な療養処置やリハビリテーションを行ってもらえます。

医療保険を使って医師が定期的に訪問して診察をしてくれる「訪問診療」に対し、看護師や理学療法士、薬剤師が訪問して、病気や障害に応じた看護などを受けられるもので、状況により医療保険か介護保険のいずれかで支払います。こちらはケアマネジャーや病院の医師と連携しており、24時間体制で対応が可能。緊急時には、スムーズな入院もできます。ただし、**介護保険を使って訪問看護を利用できるのは、ケアマネジャーが作成したケアプランに組み込んでもらった場合**となります。

●訪問看護でできること

- 清拭、洗髪、入浴・食事・排せつ介助
- 主治医の指示に基づく医療処置
- 病状の観察、体温・血圧の確認
- 床ずれの予防
- 服薬管理
- 医療機器（人工呼吸器等）の管理
- 認知症ケア
- 介護者への介護支援・相談対応
- 介護予防（アドバイス）
- ターミナルケア（終末期医療・看護）
- 看取り

など

Advice

訪問看護は服薬管理も行っているので、独居の場合の見守りにもなります。また、服薬管理は薬剤師さんにも行ってもらえます。

POINT

- ☑ 訪問看護は、看護師などが訪問して看護をしてくれる
- ☑ 費用は医療保険か介護保険で払う（要介護者の疾病による）
- ☑ 介護保険で利用するには、ケアプランに組み込まれていることが条件

10 昼間の介護を毎日続けるのは、とても難しいのですが……

仕事と在宅介護を両立するのは大変ですが、「通い」「宿泊」サービスをうまく利用すれば、体力的にも精神的にも楽に介護生活が送れます。

仕事と在宅介護を両立する際に、使いやすいライトなサービスといえば、「通い」のサービスです。

「通い」のサービスには、**「デイサービス」**と**「デイケア」**の2種類があります。名前が似ているので混乱してしまいそうですが、この2つは別のものです。

デイサービスは食事や入浴などの日常生活の支援、レクリエーションや趣味会の開催など、**高齢者の生活クオリティの向上をサポート**してくれる施設です。施設の中には、そのまま宿泊できるところもあります。慣れた場所での宿泊なので、利用者側としては安心ですが、宿泊には介護保険が使えないので注意しましょう。

一方のデイケアは、病院・診療所・保健所などのように、**看護師や理学療法士などの医療にまつわる専門職によるリハビリテーション**が受けられます。

●デイサービスとデイケア

	デイサービス（通所介護）	デイケア（通所リハビリテーション）
内容	施設に日帰りで通い、日常生活の介護や機能訓練等を受けられる	医療施設に日帰りで通い、リハビリテーションを受けられる
場所	デイサービスセンター 特別養護老人ホーム など	介護老人保健施設 病院 診療所
受けられるサービス	健康チェック 入浴 食事・おやつ リハビリテーション レクリエーション	健康チェック リハビリテーション 入浴 食事・おやつ（施設による） （専門職による「運動機能の向上」「栄養改善」「口腔機能の向上」）
適用	介護保険	介護保険

Advice

要介護者が「行きたくない」と言うことはよくあります。その気持ちを尊重して、タイミングをはかりながら通うようにしましょう。

POINT

- デイサービスは日常生活支援やレクリエーションを受けられる
- デイケアはリハビリテーションがメイン
- 家族の都合も理解してくれる施設を探そう

11 どうしても外せない用事で、家を空けなければなりません

何らかの事情で、自宅で家族の介護ができない場合は、短期的な「宿泊」サービスを使うのがオススメです。

仕事や家族の都合などで、一時的に在宅介護ができない場合は、「宿泊」サービスを利用します。**「短期入所生活介護（ショートステイ）」と「短期入所療養介護（医療型ショートステイ）」の2種類**がありますが、どちらも最長30日までの連泊が可能です。ショートステイは、日常生活のサポートやレクリエーションなどのサービスがメインです。対する医療型ショートステイは、リハビリなどの医療的なサービスが充実しています。要介護者が持病を持っていたり、リハビリを希望したりした場合などに使います。

これらの宿泊サービスは、介護者にとっては貴重な休息ともなります。心身を休ませるのもいいですし、介護計画を客観的に見直すのもいいでしょう。要介護者にとっては、引きこもりがちな生活を変えるきっかけにもなりますが、**慣れない場所や知らない人との共同生活がストレス**になるリスクがあることも忘れずに。

Advice

ショートステイは要介護者と介護者双方がリフレッシュできるのがメリット。たまに離れる時間を作ることはよい介護につながります。

POINT

- 一定期間自宅を空けないといけない場合は、「宿泊」サービスを利用
- 最長30日まで連泊できる
- 慣れない場所や知らない人との生活がストレスになることも

12 できれば、ひとつの施設で全部やってほしいのですが……

訪問・通い・宿泊がひとつの施設で受けられる「小規模多機能型居宅介護」。便利ですが、メリット・デメリットを知らないと大変なことに……。

訪問・通い・宿泊のすべてのサービスが1カ所で受けられる**「小規模多機能型居宅介護」**というサービスがあります。

介護者側としては、複数の施設と契約する必要がなく、**ひとつの施設で訪問・通い・宿泊のサービスを自由に組み合わせて利用できる**ので、仕事が忙しい期間や長く自宅を空けるときなどに大変助かります。また、利用する際の費用は、1カ月ごとの定額（認定レベルごとに異なる）なので、金銭面での心配も少なく安心です（食費と宿泊費は別途発生）。要介護者にとっても、同じ施設の介護スタッフがサポートしてくれるので、安心して過ごせます。

ただし、小規模多機能型居宅介護を利用している間は、ほかの一部サービスを併用できないデメリットもあります。また、在宅介護のときのケアマネジャーから、施設専属のケアマネジャーに変更になることも忘れてはなりません。

●小規模多機能型居宅介護の使用料金（月）（1割負担の場合）

要支援1	3,403円
要支援2	6,877円
要介護1	10,320円
要介護2	15,167円
要介護3	22,062円
要介護4	24,350円
要介護5	26,849円

（食費・宿泊費は別途／加算料金あり）

Advice

中には、医療を重視する「看護小規模多機能型居宅介護」もあります。介護者に合った施設を選びましょう。

POINT

- 小規模多機能型居宅介護は、訪問・通い・宿泊が1カ所で受けられる
- 費用は、認定レベルによる月定額制（食費・宿泊費別）
- ほかの一部サービスが併用できないというデメリットも

column 3

「介護問題＝家族問題」です

介護がスタートすると、ほとんどの家庭で「家族問題」が発生します。「誰が面倒を見るのか」「誰がお金を工面するのか」で、もめることは当たり前。中でもやっかいなのが「遺産相続問題」です。家族が生きているうちから、遺産相続の話をするのは気が引けるという方もいると思いますが、当人たちを集めて事前の話し合いをしていないと、１００％といえるほどの高確率で、大きな問題としてのしかかります。

そうならないためには、とにかく「介護が始まったら、家族と話をすること」です。また、それと同じくらいに大切なのが、介護経験者や介護仲間との対話です。色々な事例や失敗談・成功談を知ることで、次に打つ手が見えたり、戦略を立てたりすることが可能です。介護の話はナイーブなので、「今、家族の介護で悩んでて……」と切り出しにくいとは思いますが、勇気を奮って、まわりにいる人たちに助けを求めてみてください。介護は、家族全員で向き合うことがとても大切です。

第４章

ホームに入るときが来た

01 「特別養護老人ホーム」はどんな施設？

入居施設には、様々な違いがあります。一体どんな違いがあるのか、どんな種類があるのかを簡単にご紹介します。

在宅介護が難しくなってきたら、施設への入居を検討しましょう。入居施設には様々なタイプがあるので、ここで特徴などをご説明します。

まずは、公的な施設である**「特別養護老人ホーム」（特養）**です。入居対象となるのは、65歳以上で要介護3以上。民間が運営する入居施設よりも低コストで、所得によっては軽減措置もあるため、ほとんどの家庭が第一希望として考えます。しかし、人気が高いために入居待ちの期間も長く、**申し込みから入居までに数年かかる場合もあります**。

せっかく申し込んでも入居できるかわからないし、やめておこうか……と考えるかもしれませんが、入居順は緊急性の高い順となっています。そのため、要介護者の病状から見て常時介助が必要な場合は、緊急性が高いと判断されて、入居順が早くなります。人気が高いからとあきらめずに検討してみましょう。

●特別養護老人ホームのメリット・デメリット

メリット	・利用料金が月額5～15万円程度と比較的安価 ・入居一時金が不要 ・看取りまで行ってくれるところもある ・所得による負担軽減措置がある ・機能訓練、レクリエーションが充実
デメリット	・要介護3以上でないと入居できない ・病状が悪化すると退所になるケースがある ・慢性的な人手不足になっているケースがある ・人気があり、入居まで数年かかることもある ・多床室では、プライベートが守られないことも ・当地に住民登録があることを優先する自治体が多い

Advice

人気が高く入るのが難しいと思われがちですが、要介護者の緊急性が高ければ順番が早く回ってくる場合もあるので、あきらめないで。

POINT

- ✓ 特別養護老人ホームは公的機関が運営する低料金な施設
- ✓ 対象者は65歳以上で要介護3以上
- ✓ 人気が高く、入居待ちの期間も長い

02

特別養護老人ホームに早く入れる方法はありますか？

特別養護老人ホーム（特養）は、人気があるので、入居待ちが長くなりがちです。できるだけ早く入るには、早く申し込むのが一番の近道です。

特養に入居を決めた以上、できるだけすんなりと入りたいところです。そのためには、**ある程度候補を決めたら、なるべく早く申し込む**ことです。

よりよいところに入居したいと、慎重になる気持ちもわかりますが、どんな施設にも入居待ちがつきもの。しかも、入居できるタイミングは、申し込んでみないとわかりません。あれこれ悩むのは時間の無駄です。**複数の施設に早めに申し込みをして、順番が回ってきたらすぐに入居できるように準備を整えておく**ことが、よい介護施設に最短で入るためのコツです。

また、自宅から施設までの距離を気にしない場合は、市内の中心部から離れた場所にある施設を選ぶのも、ひとつの方法です。市内の中心部に近い施設ほど人気が高いので、自宅から施設まで時間がかかっても問題がないという場合は、検討してもいいでしょう。

Advice

入居できるタイミングは施設の都合になります。いつ連絡が来てもいいように、あらかじめ入居準備をしておきましょう。

POINT

- 入居できるタイミングは施設の都合で決まる
- 施設選びに慎重になりすぎない
- 早めに複数の施設に申し込む

03

「有料老人ホーム」はどんな施設？

「有料老人ホーム」も、多くの家庭がよく検討する入居施設です。「介護付き」「住宅型」「健康型」の3つのタイプに分けられます。

特別養護老人ホームは要介護3以上でないと入居できません。しかし、在宅介護が難しい事情があって、多少お金がかかってもホームに入居させたいという場合もあるでしょう。

そこで、金銭的に余裕がある場合は、**「有料老人ホーム」**という選択肢もあります。この施設は民間企業などが運営していることもあって、入居条件・サービス内容・費用が施設によって異なり、**入居一時金や利用料も高額**です。

多くの施設は要支援1以上から入居でき、自分のことは自分でできる高齢者でも入居可能です。施設によっては独立した居室があるだけでなく、玄関口にはフロント係が常駐していたり、施設内に大浴場やシアタールームが併設されていたりと、共用施設が充実しています。通常の介護サービスはもちろん、レクリエーションなどの介護以外のサービスも豊富で、医療ケアが手厚い施設もあります。

有料老人ホームの主なタイプ

介護付き	入浴、排せつ、食事、洗濯、掃除、健康管理などのサービスを施設が提供する（特定施設*）。
住宅型	食事の提供や家事支援、レクリエーションなどの生活支援サービスが付いた住まい。別途契約すれば介護サービスも受けられる。
健康型	健康状態に不安のない高齢者向け施設で、数は少ない。食事などのサービスが提供されるが、介護が必要になれば退所となる。

＊都道府県より特定施設入居者生活介護サービスの指定を受けている施設。

有料老人ホームのメリット・デメリット

メリット	・受けられる介護サービスの種類が豊富 ・洗濯や掃除などの生活サービスも受けられる
デメリット	・入居一時金、利用料が非常に高額 ・病気や長期入院で退所になることもある

Advice

費用は高額ですが、民間企業の特性を活かした個性的な施設が多数あります。無理をしない範囲内で検討してみましょう。

POINT

- 多くの施設は要支援1から入居できる
- サービス内容も様々で充実している
- 民間企業が運営していて費用は高額

04 「グループホーム」「ケアハウス」はどんな施設？

特徴的な入居施設もあります。認知症患者のみが利用できる「グループホーム」、経済的にあまり余裕のない人が利用できる「ケアハウス」です。

「グループホーム」は、民間企業などが運営している施設で、65歳以上で要支援2以上の認知症を患う高齢者を受け入れています。1ユニット5～9人で共同生活を行っており、認知症介護を得意とするスタッフが日常的なサポートをします。少人数制のアットホームな施設で自立が促されるため、高い人気があります。

一方の**「ケアハウス」は、地方自治体や民間企業などが運営する特定施設**です。身寄りがいない、経済的にあまり余裕がないなどの高齢者向けの軽費老人ホームで、サービスの違いによって「自立型」と「介護型」の2つのタイプに分けられます。「介護型」と呼ばれるケアハウスは、65歳以上で要介護1以上の高齢者が対象です。収入や資産の少ない人が優先されます。

どちらも自己負担が少なく利用できます。経済的な問題を抱えている方は、併せて検討してみましょう。

●グループホームとケアハウス

グループホーム

- 認知症の高齢者向け
- 認知症ケアのための機能訓練やレクリエーションが豊富
- 少人数でアットホームな雰囲気の中で共同生活が送れる
- 施設によっては高額
- 症状が進行すれば退所となることもある

ケアハウス（経費老人ホームC型）

- 経済的に困窮している高齢者向け
- 利用料金が安い
- 数が少なく、入居待ちが長期になる
- 介護型は入居一時金が高額になることも
- 近年は新規の開設が行われない傾向にある

Advice

グループホームでは残る力を持続できるように介助してもらえます。同じような立場の人たちとストレスなく過ごせる点も魅力です。

POINT

- ✔ グループホームは認知症高齢者のための施設
- ✔ ケアハウスは経済的にあまり余裕のない高齢者向け
- ✔ どちらも低料金で、人気の高い施設

05

「サービス付き高齢者向け住宅」はどんな施設？

身の回りのことは自分でできるような、元気な高齢者に人気の「サービス付き高齢者住宅」。自由を謳歌したい人には最適です。

老人ホームのイメージを一新させたのが、**「サービス付き高齢者向け住宅」（サ高住）**です。60歳以上の高齢者、もしくは60歳未満で要支援・介護認定を受けた人なら入居できます。

高齢者が住みやすいバリアフリー構造の賃貸住宅で、特定施設（93ページ）に指定されていないところでは介護サービスの提供はされませんが、日中はスタッフによる見守りや生活相談などが受けられます。それぞれの部屋にキッチンやお風呂が付いており、自由に外出できるとあって、身の回りのことは自分でできる、比較的体力のある高齢者の間で人気があります。

賃貸借契約を交わすことで入居できますが、かかる費用はピンキリです。入居一時金（敷金）の額は施設によって異なりますし、月々の家賃にも数万円～数十万円と幅があります。中には食事提供などのサービスを行っている施設もありますが、その場合の費用も割高です。

●サービス付き高齢者向け住宅のメリット・デメリット

メリット	・初期費用（入居一時金など）が比較的安価（0円のところも） ・キッチンや浴室なども付いた住宅で、自由な生活ができる ・オプションで食事や家事支援を受けられるところもある ・特定施設の住宅では、介護サービスも受けられる
デメリット	・認知症の程度によっては入居できないケースがある ・住居のグレードによって、家賃がピンキリ ・特定施設以外では、介護サービスが外部との別契約となり、自己負担が増大する

Advice

地域に開けたサービスやイベントを行っているので、地域とのつながりが持てます。ひとりで入居したとしても安心です。

POINT

- 高齢者が住みやすいようにリフォームされた賃貸住宅
- 特定施設以外では、介護サービスが別途、外部との契約になる
- 費用は数万～数十万で、入居一時金が必要な場合も

06 「介護老人保健施設」はどんな施設？

「介護老人保健施設」は、在宅復帰を目指す高齢者のための施設です。しかし、最近では違う目的で利用されるケースもあります。

最後にご紹介するのは、**「介護老人保健施設」**です。この施設は、在宅介護から一歩進んで、より高度な医療やリハビリテーションが必要な場合に利用できる施設です。

この施設は、ケガや病気などをした高齢者の在宅復帰を目的としたリハビリテーションがメイン。そのため、短期入所や通所・訪問リハビリテーションとしての機能も備えています。

利用できる期間は、原則3カ月と決まっています。3カ月ごとにケース会議が行われ、入居の継続や退所が検討される仕組みです。しかし、実際には**在宅介護が難しい高齢者が、特別養護老人ホームへの入居待ちで利用する**ケースが多いのが現状です。

しかし、ここから在宅介護に移行する高齢者は少なく、特別養護老人ホームに入居できなければ、3カ月ごとに施設を転々とすることになります。

介護老人保健施設のメリット・デメリット

メリット	・初期費用（入居一時金など）が不要 ・利用料が月6～20万円と比較的安価 ・医療や機能回復のリハビリテーションが充実 ・特別養護老人ホームへの入居待ちに活用できる
デメリット	・多くが多床室で、プライバシーが保てない ・入居期間が3カ月と決まっている

特別養護老人ホームへの入居待ちに使われているほかの施設

介護療養型医療施設

入院を終えて、長期療養が必要な場合に入居できる。おもに病院に併設され、要介護1から利用できるが、2024年3月末までに全面的に廃止予定。

介護医療院

廃止される介護療養型医療施設の受け皿として設置。要介護1から利用可能で、医療面でのケアが必要で、長期療養となる場合に入居できる。

Advice

実際には、在宅介護ができない要介護者の受け皿にもなっています。要件により、3カ月以上入所できる場合もあります。

POINT

- 介護老人保健施設は医療やリハビリテーションがメインの施設
- 基本的に3カ月で退所しなければならない
- ホームへの入居待ちで利用されることも多い

07

介護施設のどこを見ればいい？

①金銭面

入居施設選びで失敗しないためにチェックしたい項目は3つあります。1つめのチェックポイントの「金銭面」についてご説明しましょう。

入居施設を検討するときに、頭を抱えるのが費用の問題です。公的機関が運営する施設は低料金ですみますし、低所得の場合には軽減措置もありますが、民間の有料入居施設の場合は、そうはいきません。民間企業が運営する入居施設選びで失敗しないように、**「重要事項説明書」**を必ず確認しましょう。重要事項説明書は、**入居に関する条件などが書かれたもの**で、費用についてもくわしく書かれています。例えば、紙オムツなどの消耗品費の負担内訳、退所する際の返還金についてなどです。良心的な有料老人ホームでは、玄関に重要事項説明書を掲示している施設が多いようです。また、施設によってはホームページからも閲覧できます。

有料老人ホームには**「入居一時金」**が必要ですが、金額も施設によって異なります。退所する際に戻って来るのか来ないのかも施設によって変わるので、必ず確認しましょう。

●重要事項説明書で確認すべきこと（金銭面）

- □ 事業主体（住宅事業者とサービスの提供業者が違う場合がある）
- □ 居住の権利形態（入居契約書と異なっていないか確認）
- □ 受けられるサービス内容（住宅事業者とサービスの提供業者が違う場合、協力体制についても確認）
- □ 利用料の金額と支払方法
- □ 利用料に含まれるサービス内容
- □ 入居一時金の有無
- □ 契約解除に関する事項（入居者側、事業者側の両方を確認）
- □ 入居率（開設後２年で80％を割る場合、理由を確認）
- □ 前年の退所者数と行き先（ほかの施設に移った人が多い場合、理由を確認）
- □ 過去１年間の死亡者数

Advice

有料老人ホームを選ぶときは、必ず「重要事項説明書」と「入居一時金」を確認しておきましょう。

POINT

- ☑ 有料老人ホームを検討する際は「重要事項説明書」を確認
- ☑ 「入居一時金」の有無、金額、支払い方法も確認
- ☑ 利用料に含まれるサービスを確認

08

介護施設のどこを見ればいい？
②運営面

施設選びのポイントの2つめは、ケア体制・運営体制です。チェックすべきポイントをご説明しましょう。

もし、費用の安さが魅力の施設に入居できたのに、介護スタッフの人数が少なく、食事やお風呂などの基本的な日常生活のサポートがおろそかになっていたら、いくら安くても家族を住ませたいとは思いませんよね。終の棲家として入ったのに、容態が悪くなったときに退所を言い渡されたら、たまったものではありません。

このように、ケア体制や運営面のチェックは、金銭面のチェック以上に大切です。具体的にチェックしたいのは、**スタッフの人数、夜勤スタッフの有無、看護職員の有無、それらスタッフの勤務体制（非常勤なのか、常勤なのか）**など。ほかにも、地元の医療機関とうまく連携が取れているか、看取りに対応しているか、などもチェックしたい項目です。また、最近は異業種参入が多く、母体となる会社の特技を活かした**サービス特化型の施設が増えています**。この部分も併せてチェックしましょう。

運営面でチェックしたい項目

- □ 各スタッフの人数（入居者1人あたりの人数も）
- □ スタッフの勤務体系（常勤・非常勤、専従・非専従、兼務状況）
- □ スタッフの数が最も少ない時間帯とそのときの人数
- □ 医療機関との連携状況（具体的な医療機関名も）
- □ 常勤の機能訓練指導員（リハビリテーション専門スタッフ）の人数
- □ 緊急時の対応や連絡体制
- □ 看取りへの対応の有無

！ これらは「重要事項説明書」でも確認可能

Advice

施設を見学して、実際の状況を確認するのも大事ですが、施設を運営する親会社の経営状況を見て、検討するのもいいでしょう。

POINT

- ☑ ケア体制・運営体制は金銭面以上に大切
- ☑ 見学のときに、上記のチェック項目を確認
- ☑ 民間企業が運営している場合は、親会社の情報も調べる

09

介護施設のどこを見ればいい？ ③環境面

施設選びの際に、金銭面・運営面の次にチェックしたいのは、施設の場所やスタッフの質といった環境面です。

人によって施設選びの際の条件は様々で、その優先順位もバラバラですが、ここではよく条件に上がる2つのポイントを紹介しましょう。

1つめは、**「自宅からの距離」**です。要介護者の様子を見に行くとき、施設まで何時間もかかれば、自然と足が遠のきますよね。しかし、市内の中心部に近い施設ほど人気が高く、遠いほど入りやすいもの。そのため、自宅から通える妥協範囲をあらかじめ決めておきましょう。

次が**「スタッフの質」**です。いくら仲がいいとしても、介護スタッフが要介護者に馴れ馴れしい態度で接していたら気になりますよね。また、介護経験の浅いスタッフばかりで、ベテランの人数が少ないのも理由が気になりますし、スタッフの入れ替わりが激しい点も、後々の不安要素となります。細かい点だと、**スタッフ同士の会話や身だしなみなども判断基準**となります。見学した際にチェックしましょう。

●環境面で気を付けたいポイント

- □ 自宅からの距離
  ……遠すぎると足を運べなくなる
- □ スタッフの質
  ……経験やスキル、介護者への接し方、スタッフ同士の会話、身だしなみ　など
- □ スタッフのスキルアップへの研修体制の有無
- □ ほかの利用者の様子
  ……サービスを受ける様子、要介護度、なじめるか　など
- □ 食事
  ……管理栄養士がいるか、季節感のある食事か、病気によって献立を変えているか　など
  ➡可能なら、試食をしてみるとよい

Advice

私の場合は、庭をチェックします。庭の手入れが行き届いていない場合は、スタッフが足りていない可能性もあります。

POINT

- ☑ **自宅から通える範囲内を重点的に探そう**
- ☑ **見学の際に、スタッフの普段の様子を確認**
- ☑ **ほかの入居者の様子も見ておこう**

10 介護スタッフは交代できますか？

もしも、介護スタッフに不満があるなら、とことん話し合いましょう。それでも解決しないときは、交代をお願いしてもかまいません。

なんとか介護施設に入居できたものの、介護スタッフとウマが合わないというケースもあります。困ったときに頼りにならなかったり、要介護者に対する態度が気になったり、家族側の意見をあまり聞いてくれなかったり、そもそもスタッフの話していることが理解できなかったりと、その理由は様々です。

「相手は介護のプロだから」と、遠慮してしまう気持ちもわかりますが、それは不要です。施設を利用する**要介護者だけでなく、その家族にも適切に対応するのが介護のプロ**。スタッフと家族の間では、コミュニケーションが何より大切です。話し合いをして不満・不安をひとつずつなくしていきましょう。

そういった関係が築けない場合は、我慢して付き合う必要はありません。相手の立場も理解して建設的に、施設側へスタッフの交代などを要望しましょう。

Advice

最近の施設には外国人スタッフも多く働いています。コミュニケーションが少しとりにくい反面、対応が丁寧ともいわれています。

POINT

- 介護スタッフとうまく付き合えないケースもある
- 不満や不安をなくすように話し合える関係が理想
- いい関係が築けない場合はスタッフの交代も検討する

column 4

認知症にも種類があります

認知症は種類によって特徴に違いがあります。三大認知症を例にすると、「アルツハイマー型認知症」は、男性より女性の方が発症しやすく、比較的合併症も起こりやすいとされ、「脳血管性認知症」は、まだら認知や感情失禁が特徴です。3つめの「レビー小体型認知症」は、小刻み歩行などのパーキンソン病と似た症状が発生します。また、発症した早めの時期から、幻覚や幻視が出ることもあります。

そして、必ず覚えてほしいことは、認知症は必ずしも悪い病気ではないということです。認知症にかかると、短期的な記憶がなくなりやすく、本人がイキイキしていた時代の記憶が蘇りやすくなります。夕方になるとソワソワして家に帰りたがったりする「夕暮れ症候群」といわれる行動を取るのもそのためです。認知症の人の行動には意味があるのだと理解していれば、急に意味のわからない行動を始めたとしても、受け入れやすくなります。

第5章

「介護疲れ」にならないために

01

ゴールが見えなくて不安です

介護の期間は人によって違うもの。先が想像できない不安を払拭するために、まずは全体図を見て、現在の状況を理解しましょう。

はじめての介護では、先のことが想像できずに不安になるのが当たり前。頭の中が介護のことでいっぱいになり、ほかのことは考えられなくなりがちです。しかし、先を考えずに場当たり的な対応ばかりしていると、不安はそのままで、心身の疲労だけが蓄積してしまいます。**近年の研究から、「介護自殺」が1〜3年目に発生するケースが多い**ことがわかってきました。

左の図は、家族が倒れてからの流れと介護者の気持ちをロードマップ（行程表）にしたものです。介護が始まって、看取りを終えて介護が終わるまで、どんなペースで進むのかは人それぞれですが、**多くの人が同じ流れで介護の終わりを迎えます**。

最後の看取りを終えたときに後悔しないように、左の図を見て自分が今どこにいるのかを確認し、残された時間をどう過ごすのかをじっくり考えたいですね。

●介護のロードマップ

ステップ	要介護者の状態	介護者の気持ち	介護場所
① 混乱期	異変・急な入院	混乱、否定（受け入れられない）	**病院** **自宅** 介護施設
② 負担期	介護の初期（自分のことはできる）	疲労、絶望	病院 **自宅** **介護施設**
③ 安定期	症状の進行（できることが少なくなる）	割り切り、受容	病院 **自宅** **介護施設**
④ 看取り期	終末期	（亡くなることに対する）絶望、否定	**病院** **自宅** **介護施設**

Advice

介護は終わりを受け入れることで、今やるべきことが明確になります。上記を参考に、あなたが今できることを見つけてください。

POINT

- ☑ まずは慌てずに全体図を見て自分の現在の状況を俯瞰しよう
- ☑ 介護の進み方は人によって異なる
- ☑ 最後に後悔しない介護プランを考えよう

02

ついつい、相手を責めてしまいます

要介護者は徐々に「できないこと」が増えていきます。そんなときは「できること」に目を向けて、残っている能力を活かしてあげましょう。

要介護者は、今まで自分でできていた身の回りのことができなくなってきます。介護をしていると、そんな要介護者の様子を見てついイライラして、「なんで、できないの？」「昨日まではできてたじゃない！」など、厳しい言葉を投げてしまいがちです。しかし、それは病気のせいで、要介護者が悪いわけではありません。こんなときは、**要介護者の「できないこと」よりも「できること」に目を向けてみましょう**。

例えば、洗濯物を干せなくても、たたむことができる場合は、たたむことだけをお願いしてみましょう。そして、上手にできたら感謝を言葉や態度で返してあげてください。特に認知症は、感情によって症状が左右されやすいので、「できること」に対して感謝の態度を表すことで、いい影響があるといわれています。

このように、できることを気長に分担して、家族としての時間を過ごしていきましょう。

Advice

家族だから怒りたくなるのは当たり前。しかし、家族だからこそ、10回怒るのを5回にするなどして、気持ちを抑えましょう。

POINT

- 要介護者の「できないこと」には目を向けない
- 「できること」を見て、残っている力を活かす
- 「できたこと」には、必ず感謝をする

03 だんだん孤立していく気がします

まわりに介護仲間がいない人は、ひとりで抱え込んでしまい、次第にコミュニティの中で孤立してしまう傾向にあります。

介護中、まわりに同じような仲間がいなくて、孤独を感じる人がいます。また、責任感が強かったり、「主たる介護者」のような役割を持っていたりすると、家族の中で孤立してしまうことも少なくありません。「家族が協力してくれない」「誰も気持ちをわかってくれない」と自分の殻に閉じこもり、疲労感と絶望感に苛まれてしまうこともあります。

こんなときに必要なのは、**介護経験者（経験中）の仲間と話す時間を持つことです。同じ経験をしている人と話すこと**で、心が軽くなったり、前向きになれたりと、プラスの効果が期待できます。また、他人の経験談を聞くことで、自分自身を振り返る機会にもなります。

もし、身近に経験者がいなければ、**介護者同士の情報交換の場である地域のコミュニティを訪れてみたり、NPO法人が主催している会などに参加してみたりする**といいでしょう。

Advice

介護経験者との会話は、安心感や有益な情報が得られる場合もあります。また、気持ちのはけ口として日記を書くのもオススメです。

POINT

- 主たる介護者は家族の中で孤立しやすい
- 孤立したままだと疲労感や絶望感に押しつぶされることも
- そうならないために、気持ちがわかる同志を作ろう

04 とにかく時間に追われています

上手に気持ちをコントロールしながら介護を続けるには、あまり根を詰めず、定期的に休息を取って、自分の時間を作ることです。

介護が始まると、1日のうちのかなりの時間を費やすことになります。在宅介護の場合は、1日中ほとんど付きっきりになってしまうケースも。定期的に介護から解放される**休息時間**を持たないと、とても続けていけませんよね。特に、介護の初期は心身ともに疲労しやすく、介護を投げ出してしまう状況に陥ることも十分考えられます。

デイサービスやショートステイなどの介護サービスを利用することで、多少の休息になりますが、これらのサービスを頻繁に利用すると費用もかさみますし、あまり得策ではありません。こんなときは、**1日・1週間・1カ月の単位で、スケジュールを見直してみる**ことをお勧めします。自分がどんなことに時間を費やしているのかを洗い出すと、短縮できる時間やほかの人にお願いすれば解決できることなどが見えてくるはずです。

1日のスケジュールを書き出そう

平日のスケジュール例

	（父）	（私）
6:00		起床・朝食準備
7:00	起床・朝食	朝食
8:00	ヘルパーさんと交代 デイサービスへ	出勤
9:00	↑	↑
10:00	デイサービス	会社
16:00	↓	↓ 子どものお迎え・帰宅
17:00	帰宅	夕食準備
18:00	夕食	夕食
19:00		片付け
20:00	入浴	入浴介護
21:00	就寝	明日の準備
22:00		
23:00		就寝

Advice

人によって違いますが、私の場合の休息は仕事でした。そういった意味でも、介護以外の自分の時間を継続することは大切です。

POINT

- 介護は1日のかなりの時間を使う
- 定期的に休息を挟んでリフレッシュしよう
- スケジュールを見直して休息の時間を確保しよう

05 やったことのないことばかりで疲れます

介護者は、はじめてのことの連続で、混乱したまま状況が進行し、精神的・肉体的なピークを迎えてしまうことが少なくありません。

介護を続けるためには、休息時間を定期的に取ることも大切ですが、**自分の置かれている状況を理解すること**も大事です。

ノートや専用の手帳（128ページ）を用意して、そこに自分の就労状況や介護との関わり方などを書き出します。すると、**自分の置かれている状況を再確認することができます**。

書き出すのは、**介護との関わり方**、**介護の協力者、相談できる相手、仕事の有無、収入について、介護と仕事を両立することへの不安**など。これらを可視化することで、自分の置かれている状況や抱えている問題が整理できます。

そうすれば、自分のするべきことが明確になり、解決への糸口が見えてきます。それまで抱えていた心の負担や不安が軽くなるはずです。

自分を見失わず、後悔の残らない介護にするためにも、自分の状況を客観的に見て、冷静な自分を取り戻しましょう。

ノートや手帳に書き出そう

- 介護の協力者　□いる……名前（　　　）　□いない
- 相談できる人　□いる……名前（　　　）　□いない
- あなたの役割
  - □身体介護を含む介護全般　□介護に関するマネジメント
  - □主たる介護者の補助　□その他（　　　）
- あなたのお仕事（　　　）
- 家計の主な収入源（　　　）
- 介護に関して会社で利用できる制度
  - □介護休業　□介護休暇　□時短勤務
  - □勤務時間の変更　□フレックスタイム　□在宅勤務
  - □介護費用補助　□相談窓口　□その他（　　　）
- 介護に関する具体的な不安
  （　　　）

Advice

介護はする人もされる人も初心者なので、不安になるのも仕方ありません。時折、自分の状況を俯瞰すると、心が軽くなるでしょう。

POINT

- ✓ 心身の疲労を軽くするには、自分の置かれた状況を理解する
- ✓ 現状をノートに書き出して可視化する
- ✓ やるべきことが見えて、自分を振り返ることができる

06

専門職の言っていることがよくわかりません

介護スタッフとの会話がかみ合わないのは、必要な情報と知識が足りないから。インターネットや書籍などから取り入れてみましょう。

ケアマネジャーや施設のスタッフは、いわば介護のプロです。はじめて介護をする人と理解度に差があるのは仕方ありません。業界用語もたくさんある介護の世界ですから、施設で耳にしたスタッフ同士の話が全く理解できないとしても不思議ではありません。

もちろん、そんな**介護のプロと対等に渡り合う必要はありません**。わからないことは素直に聞いて、ひとつずつ解決していけば大丈夫です。

しかし、いつでも誰かが丁寧に教えてくれるとは限りません。頼りっきりにならず、自分の家族はどんな制度が利用できるのか、在宅介護をする際の工夫などの**必要な情報や知識を、自分で得ることも大切**です。そうすれば、ケアマネジャーたちとの距離も自然と縮まり、知ったかぶりをする必要もなくなります。本書やインターネット、コミュニティなども上手に使って、必要な情報と知識を取り入れてください。

大事な情報源いろいろ

書　籍

本書も含め、入門者向けの本が豊富に出版されていて、全体像がつかみやすい。読んでいる時間がないという人は、目次を見て必要なところだけ読むのも有効。

インターネット

最新の情報が得られたり、施設の評判（口コミ）を見られたりできる。ただし、初心者には、正しい情報を判断して入手するのが難しいという欠点も。

地域やNPO法人のコミュニティなど

介護経験者・介護中の方の生の声が聞けるので、生きた情報が得られる。悩んでいるのは自分だけではないことがわかり、孤独から解放されることも。

Advice

介護の世界は、専門用語や短縮用語がたくさんあります。意味がわからない言葉は、素直に聞きましょう。

POINT

- 介護のプロと対等に渡り合う必要はない
- 自分で介護の情報と知識を得ることも大事
- 書籍やインターネット、コミュニティなどを有効活用する

07

周囲の人たちが助けてくれません

①「主たる介護者」の役割を考える

自分ばかりが介護をして、誰も手伝ってくれないと感じたときは、司令塔となって家族を巻き込み、一丸となって介護に向き合いましょう。

「主たる介護者」は、家族の中で比較的時間に余裕のある人が選ばれる傾向にあります。よって、一歩間違えると、何でも押し付けられるような状態になりがちです。

しかし、ちょっとだけ考え方を変えてみてください。「主たる介護者」は、ひとりで責任を持って介護を行う者なのではなく、**司令塔となって家族をひとつにまとめて介護に向かう**というのが、本来の役割なのです。

「主たる介護者」は、サッカーでたとえると、チーム全体を見ながら戦略を考えてゲームを作っていくミッドフィルダーのような役割です。つまり、いちプレイヤーとして介護をしながらも、全体を把握して指令を出すマネジメントこそが最も大きな仕事です。ほかの家族を上手に巻き込んで、役割分担をしましょう。上手にチームをコントロールすることで、後悔のない介護に近づくことができるはずです。

●主たる介護者の役割とは？

仕事を持っていない人など、家族の中で比較的時間に余裕のある人が「主たる介護者」になる

何でも押し付けられる傾向に

↓

そもそも「主たる介護者」とは？

○ 司令塔となって家族をひとつにまとめる者

× ひとりで責任を持って介護を行う者

↓

家族を上手に巻き込んで、役割分担をする「マネジメント」こそが最も大きな仕事

Advice

トラブル回避のため、主たる介護者と要介護者との間に血縁関係がない場合は、最終判断は血縁関係者にゆだねるようにしましょう。

POINT

- ☑ 主たる介護者は、全責任を持って介護をする人ではない
- ☑ 主たる介護者は介護チームの司令塔
- ☑ ほかの家族も介護するようマネジメントする

08

周囲の人たちが助けてくれません
②家族のできることを可視化する

家族をうまく巻き込んで介護をするには、はじめのうちに具体的に何をお願いするのか、あらかじめ可視化しておくことが一番です。

当たり前のことですが、介護はひとりで行うものではありません。ほかの家族と上手に役割分担して、複数人で行うものです。とはいえ、はじめから家族全員で協力して介護をするのは、ほぼ理想論です。家族の協力を得るには、「夕飯の買い物に行ってほしい」など、**具体的にお願いする**に限ります。

そのために、はじめの段階で、誰に何をお願いするのかを決めなければなりません。まずは、家族のできることを可視化しましょう。**要介護者の介護に関わること、家族全体に関わる家事などを思いつく限り書き出して、その作業を担当できる人物に次々と割り振ります**。ポイントは、「主たる介護者」以外の家族に割り振ること。そして、家族内でできないことが出てきた場合は、外部サービスを検討しましょう。家族全員で役割分担をすることで、全員が介護者としての自覚を持つようになります。

●ノートや手帳に書き出そう

日常のできること					
・食事作り　朝	**私**	夫	A子	B美	C男
・　〃　　昼	私	夫	**A子**	B美	C男
・　〃　　夜	私	**夫**	A子	B美	C男
・薬の管理	私	夫	A子	**B美**	C男
・掃除	私	夫	**A子**	B美	C男
・洗濯	私	夫	A子	**B美**	C男
・病院の付き添い	私	**夫**	A子	B美	C男
・お風呂介助	私	夫	A子	B美	**C男**
・しゃべり相手	私	**夫**	A子	**B美**	C男
・デイサービスへの送り迎え	私	夫	A子	B美	**C男**
・介護資金管理	**私**	夫	A子	B美	C男
	私	夫	A子	B美	C男
	私	夫	A子	B美	C男

Advice

在宅介護をする際の役割分担表は、在宅介護のスタート時が有効。早めに家族を巻き込むことで、後々のトラブル防止になります。

POINT

- 家族に手伝ってもらうよう役割分担する
- 家族のできることリストを作成する
- 役割分担することで、全員が介護者として意識する

09 立て替えたお金のことで、いつも家族でもめています

介護をしていると、病院へのタクシー代など、頻繁にお金が出てしまいます。後でもめないように、記録を残しておきましょう。

悲しいことに、介護をしていると、家族間でお金にまつわるトラブルが多々発生します。その理由は、介護にかかる金額が大きく、その用途も幅広いことが考えられます。

介護には、医療費や介護サービスの料金だけでなく、交通費や食事代などの様々な出費が発生します。**1回の支払額は小さくても、回数を重ねれば、それなりに大きな額となります**。そのため、定期的に介護費用を清算するタイミングで、その費用の大きさに驚いたり、家族の間で払った・払ってないでもめたりすることにつながります。

これらを防ぐためには、**あらかじめ介護でかかった出費を記録しておく**といいでしょう。使うのは、普段使っている手帳でも、新しく用意する介護者手帳やシンプルな家計簿でもかまいません。日付・金額・用途を記入して、後で見返せるようにしましょう。

●ノートや手帳に書き出そう

1日の支出メモ

○月×日（水）

・プリン	140円
・クリーニング代	1,200円
・病院の支払	15,600円
・タクシー代	1,400円
合計	18,340円

月　日（　）

・	円
・	円
・	円
・	円

Advice

立て替えた金額をノートにメモすることで、お金を立て替えたという事実を家族間で共有することができます。

POINT

- 介護はお金のトラブルが発生しやすい
- もめないためには、立替金額と用途をメモ
- いつ・何に・いくら使ったのかを明確に

10 後悔のない介護にしたいのですが、どうすればいいですか？

介護が終わったときに、それまでをじっくり振り返ることができるように、また、その時々の最善を尽くせるように、介護者手帳を作ってみましょう。

本書は、介護が終わって家族を看取った後に、それまでを振り返って、「もっと、ああしておけばよかった」と後悔してほしくない気持ちからできました。「後悔のない介護」ができるように、押さえておきたいポイントを随所に散りばめていますが、「後悔のない介護」に近づけるポイントがもうひとつあります。それは、**「介護者手帳」を作ること**です。本書ではこれまでも、自分の置かれている状況や家族の役割分担を可視化するためにノートを用意することをお話ししてきました。それらに加え、**その日の要介護者や自分の様子などを日記のようにまとめる**ことで、自らを振り返ってみるのです。

市販の手帳を活用してもいいですし、流行りの「バレットジャーナル」のように、自分で必要な項目だけを入れたオリジナルの手帳を作ってもいいでしょう。介護が終わった後のグリーフケア（喪失感のケア）にもなります。

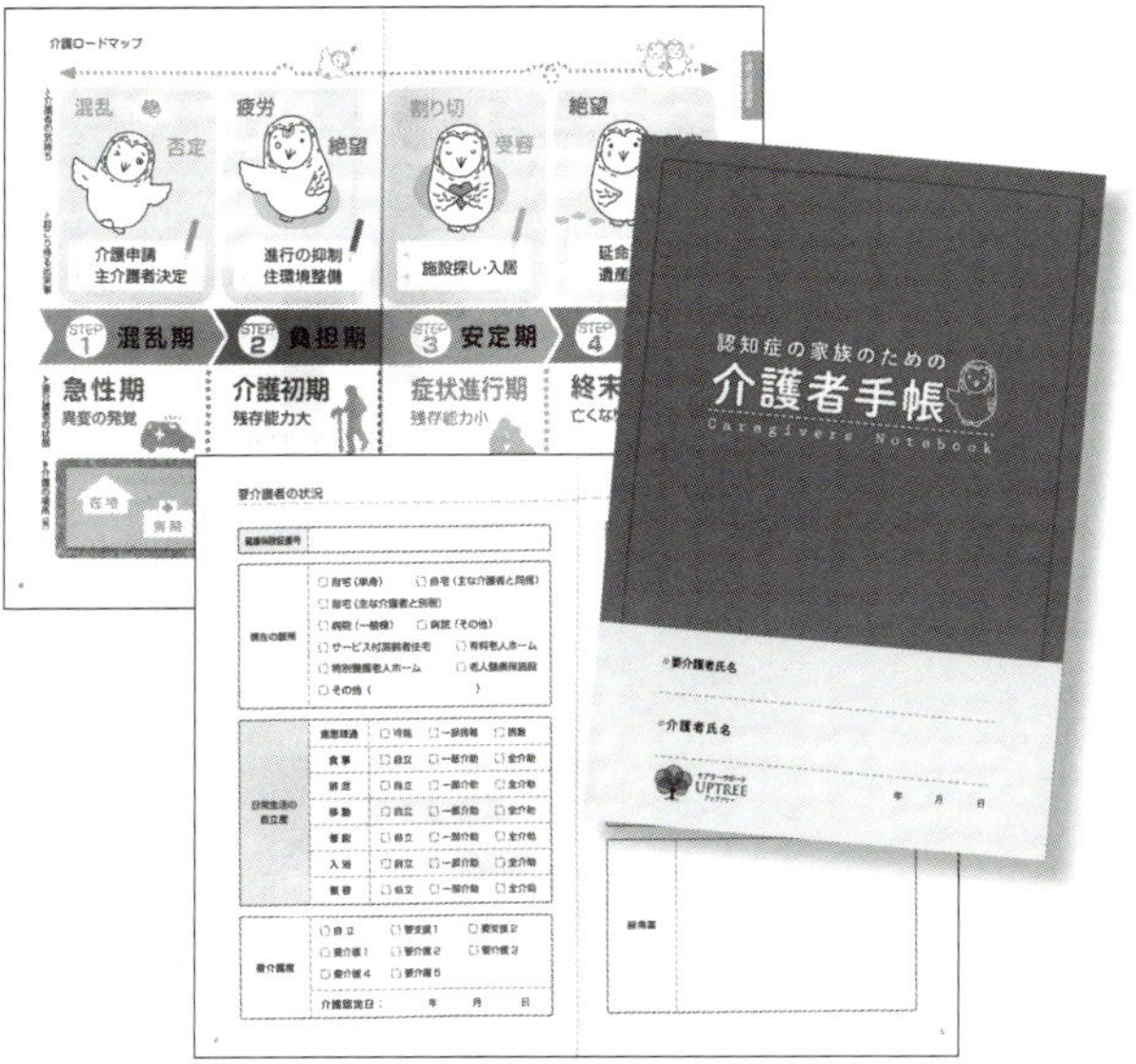

NPO法人UPTREEが販売する介護者手帳（Amazonで販売中）

Advice

手帳を書き続けると、次第に充実した1冊になり、振り返ったときに、あなたをやさしく励ましてくれるはずです。

POINT

- 介護生活をまとめた介護者手帳を作ろう
- 日記ページ、出金ページなどを自由にカスタマイズしてもよい
- 介護が終わった後は、グリーフケアにもなる

11

家族が認知症で、いつも振り回されます

認知症は、徐々に記憶力や認知力が低下していき、社会生活や人間関係を保つことができなくなる状態。周囲の正しい理解が必要な病気です。

家族が認知症になると愕然とする人がいます。周囲とのトラブルが増え、どう対処していいかわからなくなるからです。しかし、それらのトラブルは、周囲の人々が認知症について正しい知識を持っていないことから起こります。

認知症の中でも、**何らかの原因で脳の細胞が壊れてしまうことで起こる症状を「中核症状」**といいます。記憶障害、見当識障害、判断力の低下などがこれに当たり、約束や生活習慣を忘れてしまったり、時間や場所がわからなくなったりすることがあります。一方、**「周辺症状」や「行動・心理症状」と呼ばれる症状には、妄想や徘徊、暴力・暴言などが当たります。**

これらは、正しい診断と対処によって、症状を穏やかにすることができ、原因によっては完治も可能です。ついイライラして相手を否定しがちですが、まずは認知症であることを受け止めて、理解に努めるようにしましょう。

●認知症の主な種類

アルツハイマー型認知症

最も患者数が多く、特に女性の発症が多い。原因がはっきりせず、総じてゆるやかに進行する。

脳血管性認知症

脳梗塞や脳出血などが原因で、生活習慣病の人はかかるリスクが大きい。

レビー小体型認知症

脳に「レビー小体」という物質が生じて起こる。初期から幻覚を見ることが多い。

前頭側頭型認知症

脳内の前頭葉、側頭葉の萎縮が原因で、感情や欲求が抑えられなくなることが多い。

Advice

認知症の人の行動には意味があり、周囲がそれを理解している環境では症状が穏やかになることも。また、治る認知症もあります。

POINT

- 認知症には、「中核症状」と「周辺症状」という症状がある
- 相手を否定せずに、受け入れることが認知症介護のスタート
- 認知症について、周囲の正しい理解が大事

12

認知症の家族の介護で注意すべきことは？

家族が認知症の場合、まず大事なのは本人の感情やプライドを傷つけないこと。相手を尊重すれば、次第に症状も安定してきます。

認知症ケアは、中核症状よりも周辺症状のほうが、介護者の負担が大きいといわれています。しかし、ケアの仕方によっては、周辺症状のほうが症状を軽くしやすいともいわれています。

理由は、**脳の細胞が壊れて記憶が失われてしまっても、感情やプライドが残っている**からだと考えられます。認知症の人に限らず、人は誰でもプライドを傷つけられたりすると、感情的になってしまいます。認知症の人の場合、その症状が普通の人よりも顕著に表れてしまうのです。そこで、**本人を尊重し、自分でできることは自分でさせるようにすれば、症状を安定させることにつながります**。

また、認知症にかかると、新しいことへの対応が苦手になります。仮に施設に入る場合でも、使い慣れた食器や家具などを持ち込んで、できるだけなじみのある環境でケアをするようにすれば、心が安定するでしょう。

認知症ケアのポイント

・本人を尊重すること
・できないことを責めたり、プライドを傷つけるような言動をしたりしない
・行動には意味があると心得る
・過去の記憶や習慣に基づいた行動を取ることが多いので、徘徊などの際に居場所を予測できる
・新しい環境が苦手なので、できるだけなじみの場所、人間関係、持ち物などを用意する

Advice

認知症になると、病気にかかっても症状を伝えられない場合があるので、ご飯を食べたかなどの日常生活の変化にも注意しましょう。

POINT

- ☑ 認知症は記憶をなくしても、感情やプライドは残る
- ☑ 認知症ケアの一歩は相手を尊重すること
- ☑ 慣れ親しんだ環境でケアをする

column 5

増え続ける介護離職

何らかの理由で家族が要介護状態になると、誰もが一度は離職を考えてしまいます。しかし、冷静になって考えると、会社を辞めると経済的な不安が出てきますし、要介護者に1日中付きっきりで介護をしていると、ストレスが大きくなり、金銭的にも精神的にも不安定になります。また、一度介護離職をすると再就職が難しいという問題もあります。正社員として働けるとは限らず、無事に就職できたとしても収入が大きくダウンしてしまう可能性も十分にあります。

総務省では、数年ごとに仕事と介護・看護の両立に関する調査を行っており、平成29年度の調べでは、介護・看護離職者は約10万人となっている一方で、約346万人もの人が仕事をしながら介護を行っていることがわかりました。あなたのまわりにも、仕事と介護を両立している人がたくさんいるかもしれません。まずは両立する道を考えてみてください。それが、後悔のない介護につながります。

第6章

介護にまつわる「お金」の話

01

介護の費用をできるだけ少なくしたいのですが

各市町村では、独自の高齢者向けサービスを行っています。どんなサービスがあるのかは地域包括支援センターで聞いてみましょう。

介護がスタートすると、何かと物入りです。対策をしていなければ、費用がどんどん膨らみ、家計を圧迫してしまいます。無料、あるいは格安で利用できるサービスがあれば、有効に活用したいところ。そんなときは、**「地域包括支援センター」**です。まずは、地域包括支援センターに行って、自治体で行っているサービスを紹介してもらいましょう。

現在、多くの自治体では、大人用紙オムツの無料配布、食事の宅配サービス、訪問理美容サービスなど、様々なサービスが提供されています。特筆すべきは、**「緊急通報システム」**です。家での事故や急病のとき、ボタンを押すと、救急車や登録された協力員が駆け付けてくれるもので、無料で提供している自治体もあります。

要介護者の住む自治体ではどんなサービスがあるのか、あらかじめ確認しておいて、上手に介護に取り入れましょう。

●緊急通報システムの例

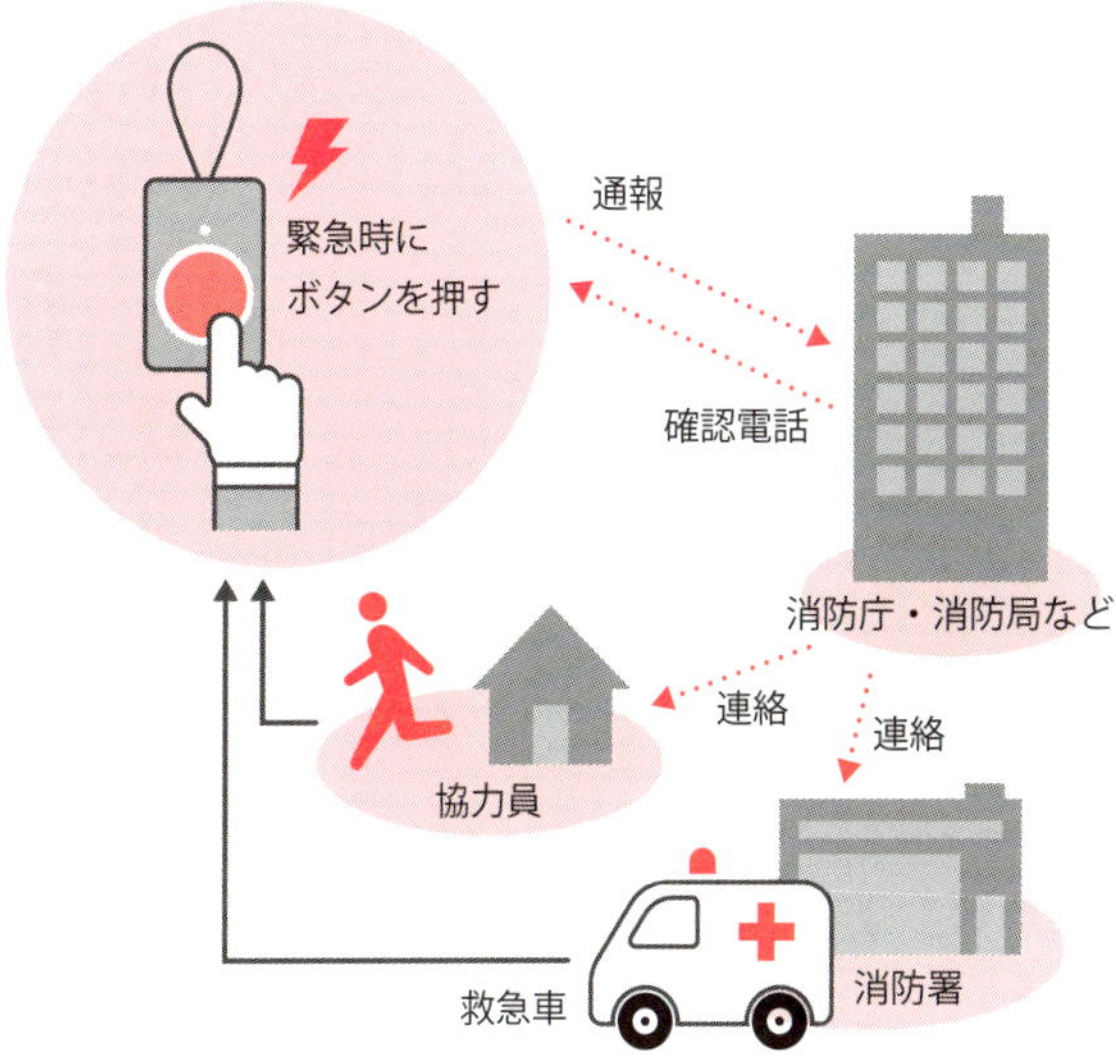

Advice

意外なものやサービスが無料・格安で使えることもあります。あきらめずに、自治体でどんなサービスがあるか調べましょう。

POINT

- 自治体は、高齢者向けに様々なサービスを行っている
- 中には、無料で使えるサービスもたくさんある
- 自治体によって内容が違うので、地域包括支援センターへ確認する

02 医療費はどのくらい控除できますか？

1年でかかった医療費が10万円を超える場合は、確定申告で医療費控除を申請しましょう。家計の負担が軽くなるかも知れません。

介護の費用を軽減するには、**確定申告の医療費控除**も大事です。前年度に支払った医療費をまとめないといけませんが、意外と対象になる費用は幅広いので、必ず確認しましょう。

申請できるのは、1年間に支払った医療費の合計が10万円を超えた場合で、上限は200万円です。総所得金額が200万円未満の場合は、総所得金額の5％以上となります。対象者は本人のほか、生計を一にする配偶者や親族も含まれます。別居していても、生計をひとつにまとめていれば対象となります。

申告をする場合、どの項目の費用が対象になるのかがわからず、頭を抱えることが多いと思います。対象となる項目は、**「治療費用」「医薬品の購入費」「施術代」「通院費」など**があります。介護サービスの利用費も対象となる場合もあるので、判断に迷った場合は税務署に問い合わせましょう。

●医療費控除の対象項目

- 医師、歯科医師の診療・治療費用
- 治療・療養に必要な医薬品の購入費
- 鍼灸師、あんまマッサージ指圧師、柔道整復師による施術代
- 通院にかかる交通費（電車、バス、タクシー代など）
- 介護サービス費

  訪問看護・リハビリテーション、居宅療養管理指導、通所リハビリテーション（食費含む）、短期入所療養介護、特別養護老人ホームの介護費・食費・居住費負担額の2分の1相当、介護老人保健施設の介護費・食費・居住費負担額　など

Advice

確定申告は手間がかかりますが、払戻し金があるのとないのとでは大違いです。介護費用の足しにもなりますので、申告は大切です。

POINT

- 年10万円以上から確定申告で医療費控除ができる
- 対象は、「治療費用」「医薬品の購入費」「施術代」「通院費」など
- わからない場合は税務署に問い合わせる

03
医療費がかさんで、家計を圧迫しています

要介護者の医療費が高額になる場合は、自己負担限度額を超えた分の金額が払い戻される「高額療養費制度」を利用しましょう。

要介護者が入退院を繰り返したり、複数の医療施設を利用していたりすると、医療費が高額になることがあります。そんなときは、**「高額療養費制度」**を利用しましょう。

この制度は、同じ月に支払った自己負担限度額を超えた分が払い戻しされる制度で、複数の医療施設を利用している場合は、医療費の一部負担額を合算することもできます。

高額療養費に該当するのは、同じ月内に使った医療費の合計です。もし、要介護者のほかに、同じ世帯に同じ医療保険に加入している家族が複数いる場合は、入院・外来・診療に関係なく、すべて合算して申請できる場合もあります。ただし、入院中の差額ベッド代や食事代などの対象外もあるので注意しましょう。

また、医療保険と介護保険の両方を利用する世帯では、「高額医療・高額介護合算療養費制度」もあります（142ページ）。

●高額療養費の自己負担額の上限（70歳以上）

2019年4月現在

適用区分		負担上限（月）	
		外来（個人ごと）	外来・入院（世帯）
年収	約1,160万円以上	252,600円+(医療費－842,200)×1%	
年収	約770万～1,160万円	167,400円+(医療費－558,000)×1%	
年収	約370万～770万円	80,100円+(医療費－267,000)×1%	
年収	約156万～370万円	18,000円（年144,000円）	57,600円
住民税非課税世帯		8,000円	24,600円
住民税非課税世帯（年金収入80万円以下など）		8,000円	15,000円

※入院時の食事代は保険対象外（1食460円、住民税非課税世帯は減額制度あり）

Advice

高額医療費には該当しない項目もあり、それらを抜いた金額で計算する必要があるので、注意しましょう。

POINT

- 複数の医療施設で支払った金額を合算できる
- 同じ世帯に同じ医療保険に入っている人の医療費も合算できる
- 差額ベッド代など、高額療養費に該当しないものもある

04

介護サービスの費用が、家計の負担になって困っています

介護サービスの利用金額が高額になった場合は、負担上限額を超えた分が払い戻される「高額介護サービス費」という制度が利用できます。

医療費と同じように、介護費用も軽減できる制度があります。1カ月間に支払った居宅サービス費や施設サービス費の金額が利用者負担額の上限を超えた場合に、超えた分が払い戻されるというものです（**「高額介護サービス費」**といいます）。月の介護費が要介護者1人では上限額を超えなかったとしても、同じ世帯に複数人の要介護者がいる場合は、合算した金額で申告できます。高額介護サービス費の制度を受けるためには、該当する世帯に送られてくる申告書に必要事項を記入して申請します。

また、1年間に支払った医療費・介護費の合計が高額になる場合は、**「高額医療・高額介護合算療養費制度」**があります。毎年8月～翌年7月までの間で、同一世帯で同じ医療保険に加入している場合に利用できます。国民健康保険・後期高齢者医療制度に加入していて、支給対象になっている場合は、案内が届きます。

●高額介護サービス費の自己負担額の上限　2019 年 4 月現在

対象者区分	負担上限（月）
本人または世帯の誰かが住民税を課税されている家庭	
❶ 標準報酬月額 28 万円以上で、高齢受給者証の負担割合 3 割	44,400 円（世帯）
❷ 一般所得者（❶以外）	44,400 円（世帯）＊
世帯全員が住民税を課税されていない	
1 年金収入 80 万円以下（年）など	24,600 円（世帯） 15,000 円（個人）
2 生活保護受給者など	15,000 円（個人）
3 1、2以外	24,600 円（世帯）

＊世帯の 65 歳以上全員の利用者負担割合が 1 割の場合、2017 年 8 月からの 3 年間は年 446,400 円

（「高額医療・高額介護合算療養費制度」の上限額については、各自治体に確認）

Advice

介護サービス費の軽減制度には、様々なものがあります。当てはまるものを探して、きちんと申請しましょう。

POINT

- ✔ 介護サービスの負担額が上限を超えた場合に利用できる
- ✔ 同世帯に複数の要介護者がいる場合は合算可
- ✔ 国保、後期高齢者医療制度に加入している対象者には案内が来る

05

低所得家庭向けの制度があると、ありがたいのですが……

要介護者のいる世帯が非課税世帯の場合に利用できる制度があります。どんなケースで利用できるのかを簡単に説明しましょう。

収入の少ない非課税世帯の場合、医療費や介護サービス費が安くなる軽減制度がいくつかあります（１４６ページ）。なお、**「非課税世帯」とは、住民税を支払っていない世帯**のことです。

収入が公的年金しかない高齢者夫婦の場合は、この非課税世帯に当てはまります。ただし、住民税を支払っていない高齢者夫婦と、住民税を支払っている子ども世帯が、同じ世帯に暮らしている場合は、非課税世帯には当てはまらないので注意が必要です。

もうひとつ注意したいのが、収入が低いこと以外の理由で、非課税世帯に当てはまる例があるということです。

もし、要介護者が**税法上の「寡婦（寡夫）」や「障害者」**に当てはまる場合、前年の所得の合計が１２５万円以下であれば、住民税が非課税となる場合があります。その場合、非課税世帯に当てはまりますので、軽減制度が受けられます。

●軽減制度の対象となる「非課税世帯」(所得割、均等割の両方)

本人を含め、世帯全員が住民税非課税となっている場合

本人が税法上の「障害者」

障害者手帳 または 障害者控除対象者認定証 を持っている	合計所得金額が 125万円以下*

本人が税法上の「寡婦(寡夫)」

配偶者と死別している	再婚していない	合計所得金額が 125万円以下*

*給与所得がある場合は、合計が204万4,000円未満

! いずれも、「扶養親族等申告書」または「確定申告」で申告していることが必要

Advice

要介護者が非課税世帯に該当しなくても、「寡婦(寡夫)」や「障害者」に該当する場合もあるので、確認してみましょう。

POINT

- 非課税世帯には、医療費・介護費の軽減制度がある
- 対象となる非課税世帯とは、全員が住民税を課税されていない世帯
- それ以外に「寡婦(寡夫)」「障害者」も対象になる

06 低所得家庭向けの軽減制度には、どんなものがありますか？

非課税世帯が利用できる軽減制度を紹介します。医療費、介護費のどちらにも軽減制度はあります。当てはまるものは利用しましょう。

前項の条件に当てはまる「非課税世帯」の場合には、**医療費の支払いが軽減される「健康保険限度額適用・標準負担額減額認定証」制度**というものがあります。事前に役所に申請することで入手できるもので、医療機関の窓口で提示すると支払額が減額されます。高額療養費には該当しない入院中の食事代も減額されるので、要介護者の世帯が非課税世帯の場合は、必ず申請しましょう。対象となるのは、左ページの表に当てはまる人です。

また、介護サービスを利用する際にも、**居住費と食費が軽減される「特定入所者介護サービス費」制度**というものがあります。要介護者の状況によりいくつかの区分に分けられて、該当する内容に沿った軽減措置が受けられます（左ページの表参照）。軽減措置の内容は区分によって違います。また、市区町村によって多少異なることがあるので、事前に確認しましょう。

●健康保険限度額適用・標準負担額減額認定証の交付対象者

2019年4月現在

適用区分	対象者
区分Ⅱ	世帯全員が住民税非課税世帯である人のうち、区分Ⅰに該当しない人
区分Ⅰ	世帯全員が住民税非課税世帯で、以下のいずれかに当てはまる人 ・世帯全員が年金収入80万円以下で、その他の収入がない人 ・老齢福祉年金を受給している人

●特定入所者介護サービス費の負担額認定区分

2019年4月現在

適用区分	対象者
第1段階	生活保護受給者、または老年福祉年金受給者で、世帯全員が市町村民税非課税
第2段階	世帯全員が市町村民税非課税で、本人の公的年金収入額＋合計所得金額が80万円以下
第3段階	世帯全員が市町村民税非課税で、本人の公的年金収入額＋合計所得金額が80万円超
第4段階	市町村民税課税世帯（軽減制度なし）

Advice

制度を利用するには、「自分で調べる・自分で申告する」のが基本です。当てはまるものを探すことから始めましょう。

POINT

- ☑ 医療費・介護費、それぞれに軽減制度がある
- ☑ 区分によって軽減の内容が異なる
- ☑ 当てはまるものには自分から申告する

07 介護休業を取得したいのですが、給料はどうなるのでしょうか？

介護を理由に会社を休む場合、介護休業や給付金といった制度があります。内容は制度によって異なるので、あらかじめ確認しましょう。

会社勤めをしている場合、介護を理由に会社を休まなければならないときもあります。そんなときは、**育児・介護休業法で定められている「介護休業制度」**を利用しましょう。勤続年数が1年以上であれば、正規社員・非正規社員にかかわらず利用でき、通算93日まで3回を限度に休みを取ることができます。利用する際は、介護休業を取得したい日の2週間前までに事業主に申し出ましょう。

このほかにも、左ページのように**「介護休暇」や「短時間勤務制度」**などがあります。企業によっては法定以上に制度が充実しているケースもあるので、勤務先に確認してみましょう。

しかし、**介護休業には給付金が発生しますが、介護休暇には給付金が発生しない**のが一般的です。介護で休みを取る場合は、この点にも注意をしながら、上手に組み合わせて取得するようにしましょう。

●育児・介護休業法に基づく主な制度

介護休業

対象家族1人につき、通算93日まで3回を上限に分割取得可能。

➡介護休業給付金:雇用保険から賃金の67%を支給(対象外あり)

介護休暇

対象家族が1人の場合1年度に5日まで、2人以上は1年度に10日まで半日単位で取得可能。

➡原則として給付金はなし

短時間勤務制度

利用開始から3年間に2回以上、短時間勤務、フレックスタイム制、時差出勤、介護サービスの費用助成かそれに準ずる制度を利用可能。

その他

所定外・法定時間外労働の制限、深夜業の制限、配置に関する配慮、不利益取り扱いの禁止

(厚生労働省ホームページより抜粋)

Advice

給付金が出る制度と出ない制度の区別がつかない場合は、会社の総務部などに問い合わせましょう。

POINT

- 介護で休む場合の制度は会社によって様々
- 介護休業は給付金が出るが、介護休暇は出ない
- 制度をうまく組み合わせて休みを取ろう

08

認知症の家族が勝手に契約をしてしまいました

高齢者がひとり暮らしをしていると、消費トラブルが発生しやすいといわれています。他人事とは思わずに、トラブルを防ぐ努力も必要です。

振り込め詐欺や投資詐欺など、高齢者を狙った詐欺事件が後を絶ちません。「自分の親は、しっかりしているから大丈夫」と思い、他人事として捉える人もいらっしゃるでしょう。

詐欺に限らず、ひとり暮らしや認知症の高齢者を狙って、やさしい言葉で近づいて高額な商品を売りつける被害も多いのが現実です。そして、親が被害を受けていることに気づかず、子どもが後になって発見するケースも多々あります。

これらは、**加齢や認知症による理解力・判断力の低下、ひとり暮らしの寂しさに付け込まれて起こります**。「自分の親は大丈夫」と思い込まずに、定期的に連絡を取り、家に出向いて顔を見せるようにしましょう。もし、トラブルに巻き込まれていることを知ったら、**すぐに地域の消費生活センターや警察署に相談**しましょう。契約時の説明が不十分、契約者が認知症などの場合、契約を無効にすることも可能です。

●認知症の高齢者が被害にあった主なケース

CASE 1

家族が不在で、認知症の老人がひとりでいたときに、訪問販売の販売員が言葉巧みに、羽毛布団を法外な価格で販売。この顧客情報が出回り、シロアリ駆除業者などが次々と訪れるようになった。業者によっては、玄関先にシールを貼り、詐欺仲間への目印にしていたケースもある。

CASE 2

認知症の老人のもとに電話で銀行を名乗る人物から、「あなたの口座が悪用されている、キャッシュカードを交換しないといけない」と言葉巧みに暗証番号を聞き出し、その後、銀行員を装った人物が家をたずねてきたので、カードを渡してしまった。銀行のほか、百貨店、クレジットカード会社などのケースもある。

Advice

ひとり暮らしの寂しさに付け込む詐欺はいつ自分の家族のもとへ来るかわかりません。日頃からコミュニケーションを密にしましょう。

POINT

- ひとり暮らしや認知症の高齢者を狙った消費トラブルが後を絶たない
- こまめに顔を出して、トラブルの防止や早期解決を
- 契約者が認知症などの場合、契約無効が可能

09

家族が自分のお金をちゃんと管理できるのか心配です

何らかの理由で、要介護者が自分の金銭管理をできなくなった場合は、その人に代わって財産管理ができる制度を活用しましょう。

通帳や印鑑のありかなどの情報を共有する前に、急に家族が入院して意思疎通が取れなくなったり、別居中の家族が認知症になって判断能力が低下し、金銭トラブルに巻き込まれたりする恐れがある場合は、**「成年後見制度」を申請するか、「家族信託」を利用**しましょう。

「成年後見制度」とは、家庭裁判所に申し立てをして、要介護者の代わりに財産管理をしたり、介護保険を利用する際の契約などをしたりできるようになります。しかし、**最近は家族ではなく弁護士などが後見人に選ばれるケースが増**え、同時に後見人による使い込み被害なども発生しているので注意が必要です。

そこで、「成年後見制度」よりも手軽に活用できる、「家族信託」も注目されつつあります。信頼できる家族に、要介護者の金銭や不動産などの財産を移転できるものです。どちらも一長一短があるので、よく調べて活用しましょう。

●成年後見制度と家族信託

成年後見制度

家庭裁判所に申し立て、財産管理などを行う後見人を指名してもらう制度。後見人になれるのは、親族のほか、弁護士や司法書士などの専門家で、裁判所が決定する。申し立てから決定まで2～4カ月ほどかかり、精神鑑定に5～10万円、申し立ての手数料に1万円程度かかる。

家族信託

委託者（ここでは親）が受託者（ここでは子など）に、金銭や土地・建物などの財産を移転する契約を交わす。契約書を交わすだけなので、裁判所などの手続きは不要だが、素人が契約書を作成するのは難しいので、専門家に相談するほうがよい。

※「家族信託」は、一般社団法人家族信託普及協会の登録商標

Advice

要介護者が自分の金銭管理が難しくなったら、早い時期から「成年後見制度」か「家族信託」もひとつの選択肢と考えましょう。

POINT

- ✔「成年後見制度」は、裁判所への申し立てが必要
- ✔「家族信託」は、簡単な手続きで財産を移転できる
- ✔成年後見制度も家族信託も、一長一短がある

10 貯金が少なく、入居費用が用意できません

施設に入居するためには、多額のお金がかかります。その費用に悩んでいる人のための制度があるので、検討してみましょう。

金銭問題がネックになって、なかなか入居施設を利用できないケースもあります。費用は施設によってピンキリですが、決して安くはありません。場合によっては、持ち家を売り払って費用を工面する人もいます。

そんなときは、**自宅を担保に金融機関などからお金を借りて、要介護者が亡くなってから売却・一括返済する「リバースモーゲージ」**を検討してはいかがでしょうか。要介護者とは別居をしており、入居後は誰も家を使わないという場合には、視野に入れてみるのもいいでしょう。

所有権を持ち続けたい場合は、「マイホーム借り上げ制度」もあります。一般社団法人移住・住みかえ支援機構が実施しているもので、使わなくなった要介護者の自宅を借り上げて、一般の人に転貸するものです。3年ごとに見直す定期借家契約を交わすため、3年後に自宅に戻ることや売却、家族へ相続することもできます。

●リバースモーゲージとマイホーム借り上げ制度

リバースモーゲージの例（不動産担保型生活資金）

- 65歳以上の低所得世帯で、土地評価額が地域により1,000万～1,500万円以上の一戸建て。
- 土地評価額の70%程度を限度に、毎月30万円以内を借りることができる。
- 貸付元利が限度額に達するまで借り続けられ、契約期間中は住み続けることもできる。
- 死亡などで契約が終了した段階で不動産を売却して一括返済する。

マイホーム借り上げ制度

- 所有権を保持したまま、第三者に転貸するので、住むことはできない。
- 借り手がいなくても最低賃料は入ってくる。
- 3年ごとに解約の自由があるので、自宅に戻ることも、売却、家族への相続も可能。
- 設定された賃料が相場より10～15%程度少なくなるほか、毎月諸経費が徴収される。
- 補修費や改修費を取られる場合がある。

Advice

入居施設に入るときは、莫大なお金がかかります。工面する算段がつかないときは、これらの制度を活用するのもひとつの方法です。

POINT

- 「リバースモーゲージ」は自宅を担保にお金を借りる制度
- 「マイホーム借り上げ制度」は、自宅を借り上げて転貸する制度
- ともに一長一短があるので、よく検討する

column 6

介護休業・休暇はどこで使う？

制度に則って、介護休業・休暇を取ると決めた場合、どんなバランスで休みを取ればいいのかわからないという声を聞きます。確かに、漠然と「介護休業は通算93日まで3回取れる」といわれても、はじめて介護をする人にとっては、何日ずつ、どんなスパンで取ったらいいのかわからず、戸惑うだけです。ここでは、4つのポイントをお教えしましょう。

1つは、一度に全部使い切らず、要介護者に寄り添いながら、自立できる環境を作る基盤作りの時間と考えること。2つめは、細切れに取ること。3つめは、半休などの制度もうまく混ぜ込むこと。4つめは、看取りの際に長く取るようにすることです。

在宅介護では、通所や宿泊のサービスを上手に利用することで、半休だけですむ場合もあります。その分、看取りの時期を迎えたら1～2週間と長めに取るようにしましょう。要介護者が最期を迎えるまでの大切な時間を一緒に過ごすことで、後悔のない介護になります。

おわりに

介護の現実と課題をふまえて

本書は、介護を始めることになって混乱している方へ、介護の初動段階に指針となるようにと願ってまとめたものです。実際に介護に関わってはじめて、こんなに課題があるのかと、みなさんも驚くことでしょう。

私も、自分の経験を振り返って、もし介護を始める前に、少しでも介護について知ることできたなら、家族との時間をもっと大切に過ごすことができただろうと思います。

介護をする人にとって、現実はかなり厳しいものです。国は目の前の課題を解決するために、特別養護老人ホームを増やし、外国人労働者を受け入れる体制を整えようとしていますが、ヘルパー不足は深刻さを増し、施設に入れずに家族が仕事を辞めて在宅介護を行っているのが現状です。また、施設に入れたとしても、介護保険で提供できるサービスだけでは不十分で、介護の現場には大きな負担があります。結局は、家族が介護を担わなければならない状況なのです。

今後、生産年齢人口にあたる世代が、介護をしながら仕事を続けることができるのだろうかと非常に危機感を抱いています。介護保険制度が施行されて約20年が経ち、制度の問題点が顕著に表れています。これまで数度改正されてはいますが、時代の変化に追いついていないと言わざるを得ません。制度を大きく変えるべき時期が来ていると感じています。

また、未来を担う子どもたちには、学校などで介護の現実や課題、社会保障制度の意味をきちんと学べる環境を整え、介護がネガティブなものではなく、大切な家族との時間であり、また、まわりで助けを求めている人がいるという現実があることを知る機会を増やすべきと考えます。私は、そんな未来への活動が必要であると考えています。

阿久津美栄子

●著者紹介

阿久津 美栄子（あくつ・みえこ）

NPO法人UPTREE代表。

1967年長野県生まれ。子育てと同時に両親の遠距離介護をした経験から、介護者の「居場所」の必要性を痛感する。

東京都小金井市にて、NPO法人UPTREEを設立（2012年法人格取得）し、「認知症カフェ」「caregiversカフェ」の運営を開始。2016年には『介護者手帳』、2017年には『小児版・ケアラーズノート』を制作。地域密着型の介護者支援に取り組んでいる。

著書に『ある日、突然始まる 後悔しないための介護ハンドブック』（ディスカヴァー・トゥエンティワン）がある。

●NPO法人UPTREE

ホームページ　https://uptreex2.com/

NPO法人UPTREEは、介護者の方々をサポートするため、東京都小金井市に設立されました。上記ホームページには、当法人の活動紹介や電話相談の案内、介護者が集う交流サロンの案内などが掲載されています。また、介護未経験の方向けに、介護に関する基本情報、介護保険の仕組み、介護に利用できる公共サービスなどを教えてくれるLINE公式アカウント**「介護あっぷあっぷくん」**や、フローチャートやリストに記入して介護の内容を可視化する**『介護者手帳』**の案内もあります。

●主な参考資料

『ある日、突然始まる 後悔しないための介護ハンドブック』阿久津美栄子著（ディスカヴァー・トゥエンティワン）
『親が倒れた！ 親の入院・介護ですぐやること・考えること・お金のこと 第2版』太田差惠子著（翔泳社）
厚生労働省ホームページ
公益財団法人生命保険文化センターホームページ
一般社団法人移住・住みかえ支援機構ホームページ

● イラスト
高木一夫

● ブックデザイン
片山奈津子（株式会社ワード）

● 編集協力
澤野誠人（株式会社ワード）

● 執筆協力
安倍季実子

● 企画・編集
尾﨑真人（株式会社 同文書院）

家族の介護で今できること。

著　者　阿久津美栄子
発行者　宇野文博
発行所　株式会社 同文書院
〒112-0002　東京都文京区小石川 5-24-3
TEL (03) 3812-7777　FAX (03) 3812-7792
振替 00100-4-1316
印刷所　中央精版印刷株式会社
製本所　中央精版印刷株式会社

ISBN978-4-8103-7787-3　C2036　Printed in Japan